KB128965

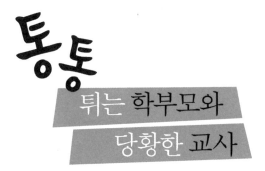

통통 튀는 학부모와 당황한 교사

초등학교 상황으로 본 학부모와 교사 심리

통통 튀는 학부모와 당황한 교사

초등학교 상황으로 본 학부모와 교사 심리

한영진 저

학지사

머리말

아이의 인생을 바꾼 부모의 말

한 어머니가 처음으로 유치원 학부모 모임에 참석했다. 유치원 선생님은 그 어머니에게 이렇게 말했다.

"아드님은 산만해서 한시도 가만히 있지를 못해요. 단 3분도 의자에 앉아 있지를 못합니다. 병원에 데려가 보시는 게 좋을 것 같아요."

아들과 집으로 돌아오는 길에 어머니는 말했다.

"선생님이 너를 무척 칭찬하셨단다. 의자에 앉아 있기를 1분도 못 견디던 네가 이제는 3분이나 앉아 있다고 칭찬하시던 걸~. 다른 엄마들도 모두 엄마를 부러워하더구나."

그날 아들은 평소와 달리 밥을 먹여 달라는 투정도 않고 밥을 두 공기나 뚝딱 비웠다.

시간이 흘러 아들이 초등학교에 들어갔다. 어머니가 학부모 모임에 참석했을 때, 선생님이 말했다.

"이번 시험에서 아드님 성적이 몹시 안 좋아요. 지능에 문제가 있는 건 아닌지 병원에 데리고 가서 검사를 받아 보세요."

그 말을 듣자 어머니는 눈물이 왈칵 쏟아졌다. 하지만 집에 돌아가서는 아들에게 이렇게 말했다.

"선생님이 너를 믿고 계시더구나. 너는 결코 머리 나쁜 학생이 아니라고 하시면서 조금만 더 노력하면 이번에 21등을 한 네 짝도 제칠 수 있을 거라고 하시더구나."

어머니의 말이 끝나자, 어두웠던 아들의 표정이 환하게 밝아졌다. 그날 이후 아들은 놀랄 만큼 달라졌다. 훨씬 착하고 의젓해진 듯했다.

다음 날 학교에 갈 때 아들은 평소보다 이른 시간에 집을 나섰다. 아들이 중학교를 졸업할 즈음에 담임선생님은 어머니에게 이렇게 말했다.

"아드님 성적으로는 명문 고등학교에 들어가는 건 좀 어렵겠습니다."

어머니는 교문 앞에서 기다리던 아들과 함께 집으로 돌아가며 이렇게 말했다.

"담임선생님께서 너를 무척 자랑스럽게 생각하시더구나. 조금만 더 노력하면 명문 고등학교에 들어갈 수 있다고 하셨어."

아들은 끝내 명문 고등학교에 들어갔고, 뛰어난 성적으로 졸업했다. 그리고 명문 대학 합격 통지서를 받았다. 아들은 대학 입학 허가 도장이 찍힌 우편물을 어머니의 손에 쥐어 주고는 엉엉 울었다.

"어머니, 제가 똑똑한 아이가 아니라는 것은 저도 잘 알아요……. 하지만 세상에서 저를 진심으로 사랑해 주신 분은 어머니뿐이세요."

『아들은 아버지에게 맨 처음 낚시를 배운다』(2006), pp. 198-201에서 발췌

이 지극히 지혜로운 어머니는 오늘날 우리의 마음을 흔들고 있다. 학부모를 대상으로 강의할 때 강의 끝마무리 시간에 이 글을 보여 주면 말없이 눈물을 훔치는 분이 여기저기서 눈에 띈다.

앞의 사례에서 본 것처럼 유치원부터 고등학교까지 아이의 담

임교사들은 하나같이 결코 좋은 이미지가 아니다. 그저 그 아이의 상태나 수준을 평가해서 그대로 학부모에게 전할 뿐이었다.

교사 입장에서 이 글을 소개한다는 것은 쉬운 일이 아니다. 그럼에도 불구하고 꾸준히 소개한 이유는 어떠한 상황 속에서도 부모는 자녀에게 희망을 주고, 자녀의 자존감을 높여 줄 수 있는 위대한 존재임을 깨우치게 하기 위함이었다. 상황과 사람을 핑계 대며 미련한 부모 역할을 할지, 상황을 뛰어넘어 지혜로운 부모 역할을 할지는 본인들의 선택이다. 그리고 그 선택의 결과는 그대로 자녀에게 영향을 미친다.

2013년에 서울시교육청 미래인재교육과에서는 고학년 학생들의 행동 문제를 예방하기 위해 야심 찬 기획을 했다. 학부모 교육 자료를 만들어서 전 서울시 내 고학년 학부모에게 전달함으로써 학교폭력을 비롯한 행동 문제를 예방하고, 꿈을 이루는 부모 역할을 하도록 돕자는 취지였다. 내용 구성의 책임을 맡았던 필자는 사전 회의에서, 그렇다면 5, 6학년은 이미 늦고 사춘기가 시작되는 4학년 학부모를 대상으로 해야 할 것을 강조했다. 이후 두 달여에 걸쳐 완성된 프로그램은 초등학교 4학년 학부모를 주요 대상으로 '꿈꾸는 아이들, 행복한 학부모'라는 제목으로 서울시 내 모든 초등학교에 전달되었다.

이 프로그램의 끝부분에도 앞의 이야기를 소개하였다.

서두에 이 이야기를 소개한 까닭은 지혜의 깊이는 놀랍다는 것을 강조하기 위함이다. 그 어머니는 학부모로서 담임에게 번번이 가슴 아픈 말을 들었다. 그러나 그 말을 새기고 또 새겨서 부모의 마음으로 바꾸어 전달해 주었다. 그리고 그 말은 결국 자녀를 살렸다. 산만하고 지능이 낮고 명문 고등학교는 꿈도 꾸지 말라는 이야기를 들었지만, 자녀는 끝내 명문 고등학교에 들어가서 어머니에게 영광의 기쁨을 안겨 주었다.

부모는 어떠한 상황이든지 자녀에게 도움이 되는 말을 해 주어야 한다. 그런데 학부모가 되면 달라진다. 아마 앞의 부모도 학부모의 마음으로만 받아들였다면 '그래, 너 잘났다.' 하고 그 담임들과는 등을 돌렸을지도 모른다.

요즘 학부모의 위상이 높아지고 영향력이 커지고 있는 상황에서 학교나 교사가 힘들어 하는 사례가 늘어가는 것을 보면서 마음이 아팠다. 여기 모아 놓은 사례는 직접 현장에서 수집한 사례들이다. 이 자리를 빌려 사례를 제공해 주신 여러 교사 분들께 감사드리며, 더불어 이 책이 출간될 수 있도록 해 주신 학지사 김진환 사장님과 애써 주신 편집부에 감사드린다.

마지막으로 필자에게는 간절한 바람이 있다. 부모, 학부모 그리고 교사는 현장에서 자녀를 돕는 사람들이다. 좋은 부모, 좋은 학부모 그리고 좋은 교사가 되어 함께 아이들을 잘 키워 나가자고 호소하고 싶다. 사례들을 객관적으로 읽어 보면서 좋은 학부모, 좋은 교사가 되어 우리 교육을 아름답게 세워 나가면 우리 아이들은 행복한 학창시절을 보낼 것이다.

그런 날이 올 것을 확신하며……

2014년 9월
저자 한영진

차 례

학부모 이해하기

    결혼 여부에 관계없이 자녀를 낳음과 동시에 부모라는 지위는 자연스럽게 평생 주어진다. '결혼 여부에 관계없이'라고 강조한 것은 요즘 가족 형태가 다양해져서 동거부부도 있고 독신도 있지만, 가슴으로 낳은 자녀를 입양하여 기르는 경우도 있기 때문이다. 부모가 과연 부모 자격이 있는지 없는지는 따로 점검하는 기관이나 부서가 없어서 말하기 어려운 부분이지만, 다행인 것은 부모가 자녀를 사랑하는 본능적인 마음이 제도나 법보다 우선한다는 것이다. 그렇기 때문에 그 본능적인 마음에 근거해서 부모는 누구나 자녀를 잘 키우리라고 믿고 기대할 수 있다. 이 본능적인 사랑은 부모 역할을 잘하게 되는 근본적이고 절대적인 힘이 된다.

    부모 역할 중에 가장 부담이 되는 것은 학부모 역할이다. 학부모는 흔한 호칭이지만 결코 아무나 될 수 없다. 우선 자녀가 있어야 하며, 그 자녀가 교육기관에 입학 또는 등록되어 있어야 한다. 친자녀가 아니더라도 후원자의 역할로 학부모가 될 수도 있다. 부모에게 있어 일생 동안 학부모로 사는 기간은 정해져 있어서 학부모는 한시적인 호칭이 된다. 우리나라의 경우 대개 대학에 들어가는 것으로 학부모 역할이 다 끝났다고 생각하는 분위기다.

학부모 역할이 시작되면 기대도 되고 부담도 된다. 자녀의 일생에 공부가 미치는 영향이 절대적이기 때문이다. 그래서 엄청난 사교육비를 부담하면서까지 자녀에게 올인한다. 그러니 부모의 삶중에 학부모 역할을 하는 기간이 가장 부담이 되고 또한 비중 있는 것은 당연하다. 그리고 자녀가 대학에 들어가면 학부모 역할을 끝낸 것으로 여기며 비로소 한숨을 쉬고 손을 놓게 되는 것이다.

그런데 과연 그럴까?

경제적인 뒷받침을 끝낸 것으로 학부모 역할을 다 했다고 할 수 있을까?

이 책에서는 학부모 역할을 교사와의 인간관계를 중심으로 생각해 보고자 한다.

학부모 역할을 하는 동안 자녀를 중심으로 만나야 하는 사람들이 많다. 학급의 다른 학부모도 있고, 학부모 단체의 임원도 있으며, 학교의 관리자와 자녀의 담임 등 교사들도 있다. 이 중에서 담임교사는 가장 비중 있는 대상이라 하겠다. 담임교사는 학급 경영을 통하여 자녀의 학교생활을 가장 관심 있게 보살펴 주는 역할을 한다. 대개의 학부모들은 학교나 교사에게 고마운 마음을 갖기도 하는데 경우에 따라서는 둘 사이에 갈등이 증폭되는 경우도 있다.

학부모가 담임교사에게 서운한 마음을 갖게 되는 경우, 그 감정을 잘 다스리지 못하면 의도하지 않은 결과를 가져올 수 있다. 여기서 의도하지 않은 일이란 자녀와 관련된 것을 말한다. 부모는 자녀를 위해서 한 행동이라지만, 결코 자녀에게 도움이 되지 않을 행동이라면 여러 번 생각해 보고 사려 깊은 선택을 해야 한다.

이 책에서 소개한 사례들은 직접 교사들이 겪은 상황들이다. 사례를 읽다 보면 기분대로 행동하지 말고 긍정적인 역할을 선택하도록 안내하는 필자의 의도를 발견할 것이다.

학부모가 학부모의 위치를 벗어나서 교사를 무례하게 대하거나 격한 감정으로 교사를 함부로 대할 때 교사가 받는 상처는 상상 이상이다. 사람을 대하는 직업인이 모두 그렇겠지만, 교사는 유독 더 존중받고 싶은 욕구가 강하다. 가르치는 학생들과 학부모로부터 존중받음을 느낄 때 교사는 더 잘 가르치고자 하는 욕구가 자발적으로 충족된다. 그것이 교사를 움직이는 에너지다. 그런데 교사를 무시하거나 불신해서 교사가 맥이 빠지게 되면 누가 손해겠는가? 두 말할 것도 없이 가르침을 받는 학생일 것이다.

이 책을 통해 많은 학부모들이 교육 현장을 이해하는 데 도움이 되기를 바란다. 그리고 교사를 맥 빠지게 하는 학부모 역할과 힘을 북돋우는 학부모 역할을 분별하면 좋겠다. 같은 상황을 두고 학부모 입장과 교사 입장이 서로 어떻게 다른지, 기분이 어떻게 다른지를 알아보고 어떤 선택을 하는 것이 지혜로운 학부모 역할인지 스스로 판단할 수 있기를 바란다. 또한 교사 역시 학부모의 심리를 이해하여 교사-학부모 사이에 갈등이 사라지고 좋은 파트너십이 형성되기를 바란다. 그 결과로 우리 학생들이 더욱 행복해진다면 더 바랄 것이 없겠다.

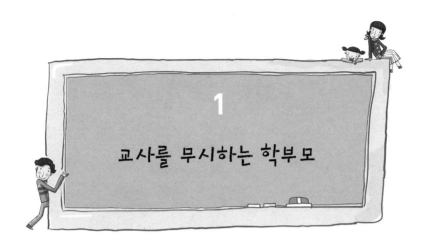

1

교사를 무시하는 학부모

 이런 일이 있었어요

　민철이 어머니로부터 담임을 면담하고 싶어 하는 내용의 문자가 왔다. 마침 담임도 요즘 민철이의 행동이 평소와 다르다고 생각하고 있던 터라 흔쾌히 시간을 냈다. 아이들이 모두 하교한 빈 교실로 민철이 어머니가 찾아오셨다.

담임: 요즘 혹시 가정에 무슨 일이 있었는지요?

엄마: 아뇨, 왜요?

담임: 민철이가 평소에 하지 않던 행동을 가끔 해요.

엄마: 어떤 행동을 하는데요?

담임: 제가 그동안 관찰한 기록 내용을 보면서 말씀드리겠습니다.

담임은 행동관찰 기록부를 들추어보며 그동안의 기록 내용을
찾았다.

> 담임: 학년 초에는 수업시간에 집중도 잘하고 학급 규칙을 어기는
> 행동도 하지 않았어요. 그런데…….
>
> 엄마: 그런데 요즘은 달라졌나요? 아이들이 자라면서 달라지는 것
> 은 당연한 것 아닌가요?
>
> 담임: …….

담임은 순간 할 말을 잃었다.

하고 싶던 말을 시작하지도 않았는데……. 어떤 행동이 염려스
러운지를 구체적으로 말하지도 않았는데, 민철이 어머니는 아예
담임의 말을 막는 것이다.

아이의 행동이 바람직한 방향으로 변화한다면 그거야 교육에서

기대하는 바이지만, 민철이의 경우는 달랐다. 점점 걱정스러운 방향으로 변하고 있어서 부모를 면담하고 싶어 했던 것이다. 그런데 마침 민철이의 어머니도 면담 요청을 해서 이야기가 잘 되겠다 싶었는데, 어머니의 반응은 그게 아니었다. 담임이 기대하던 방향과 전혀 달랐다.

그뿐만이 아니다.

담임 앞에서 자신이 알고 있는 학습이론, 상담이론 및 문제행동의 원인과 문제행동의 다양한 양상 등에 대해 긴 시간 동안 늘어놓는다. 교사의 면담 요청에 응해서 시간을 내고 교사를 찾아 온 것은 참 고맙다. 그런데 담임의 의견을 존중하기는커녕 담임의 말을 막고 자기 이야기만 늘어놓는다. 담임의 의견은 들을 필요도 없다는 듯이 무시하는 태도로 자기의 배경지식만을 장황하게 늘어놓는다. 담임은 교육적인 관점에서 조언을 하고 가정지도를 부탁하고 싶었는데, 그런 말은 조금도 전달하지 못한 채 시간만 보냈다. 담임은 안타까웠으나 이런 생각을 갖고 들으려 하지 않는 학부모에게는 아무리 좋은 말도 해 봐야 소용없음을 깨닫고 상담시간을 마무리해야 하는 또 다른 부담으로 마음이 답답했다.

✏️ 학부모 기분은 이렇지요

민철이 어머니는 왜 자기 이야기만 했을까? 무언가 담임에 대한 오해를 했을 수도 있다.

'자기 아들의 좋은 점도 많은데, 담임이 민철이의 안 좋은 점만 부각시켜 말한 것인지도 몰라. 혹시 아동 발달단계에 대한 지식이 나보다 못한거 아냐? 교육대학에서 다 배웠을지라도 이번 기회에 내가 교사의 역할에 대해 환기시켜 주어야겠어. 나도 알 만큼은 아는데……. 내 말을 알아들었으면 참고해서 민철이의 긍정적인 점을 찾아 기대하며 생각을 바꿀지 모르지…….'

이런 식으로 교사의 생각이나 의견을 존중하지 않는 학부모가 가끔 있다. 자기는 보통 학부모와는 다르고 육아나 아동발달에 관해 많은 지식을 가지고 있어서 담임보다 자기가 아들을 더 잘 알고 이해한다는 것이다. 자기 아들은 건강하게 잘 자라고 있는데 괜히 담임이 색안경을 끼고 보게 할 수 없다고 생각했을 것이다. 아예 아들을 건드리지 못하도록 이 기회에 담임의 입을 막아 놓자 하는 심리로 이렇게 반응했을 수 있다.

선생님 기분은 이렇지요

학년 초에는 매우 바람직한 행동을 했던 민철이가 달이 바뀌면서 점차 행동반경이 넓어졌다. 여러 아이들과 적극적으로 어울리는 것은 괜찮다. 오히려 남학생이니까 그런 변화가 좋아 보이기도 한다. 그런데 그런 행동이 수업시간까지 연장이 되고 집중을 안 하고 다른 생각을 하는 모습이 여러 번 관찰되어 걱정하는 마음에서 부모 면담을 요청하였다. 혹시 부모가 협조해서 개선될 문제라면 초기에 서로 돕는 것이 아이에게 도움이 될 수도 있기 때문이었다. 그런데 민철이 어머니는 말을 꺼내기도 전에 방어벽부터 친다.

적어도 교사라면 이미 다 알고 있는 아동 발달에 관한 지식이나 상담이론에 대한 기본 개념을, 민철이 어머니는 마치 '너, 이런 것 알고나 있냐?' 하는 식으로 말을 하니 기가 막혔다. 이 어머니가 자신을 가르치려 온 것인지, 자녀를 도와줄 방법에 대해 조언을 듣기 위해 온 것인지 도대체 의중을 모르겠다. 분명한 것은 담임을 존중하지 않고 무시하는 듯한 학부모로서의 이런 태도가 기분 나쁘다.

'도대체 담임을 뭘로 보고…….'

📖 학부모는 이렇게 하고 싶어요-부정적 선택

민철이 어머니는 민철이를 누구보다도 사랑한다. 그리고 아동 발달에 관한 기본 지식도 있어서 아이의 발달단계에 따라 나타나는 변화를 이해하며 양육하고 있다. 그리고 대화도 막히지 않도록 상담이론에서 말하는 의사소통 기술도 익혀서 적용하려고 애쓴다. 그래서 그 어떤 부모보다도 자기가 부모 역할을 잘하고 있다고 자부한다.

그런데 담임에게 와서는 자녀에게 전혀 도움이 되지 않는 행동을 한 것이다. 학부모가 담임 앞에서 사회적인 경력이나 전문 지식을 내세우는 것이 무엇이 도움이 될까? 그런 학부모가 아이의 뒤에 있다고 담임교사가 아이를 더 잘 지도하려 하지는 않는다. 그런 것을 이유로 학부모를 존중하지도 않는다. 요즘 모든 교사는 일 년에 최소 60시간에서 최대 200시간 이상의 연수를 받는다. 그 연수의 내용은 어떻게 하면 아이들을 잘 이해하여 학급 운영을 잘할 수 있을까에 대한 것이다. 자기 방을 청소하려고 마음먹고 준비하는 자녀에게 "빨리 네 방을 치워.'라고 말하면 손에 들었던 빗자루를 던져 버리는 자녀들도 있다. 이런 심리가 교사에게는 없을까? 다 그렇지는 않겠지만, 어떤 교사는 마음속으로 이렇게 말할지도 모른다.

'그렇게 잘났으면 당신이 알아서 잘 키우세요. 나는 이제 당신 자녀에게는 신경도 쓰지 않고 내 할 일만 하겠으니……. 당신 자녀에게 신경 쓰는 시간에 차라리 내 업무를 하는게 낫지.'

? 이렇게 하면 어떨까요–긍정적 선택

물론 민철이 어머니도 마음이 편치만은 않다. 이번에는 어머니가 먼저 면담을 요청했다. 아이들의 말을 들어보니 민철이가 학급에서 자주 지적을 받는다는 것이다. '혹시 선생님으로부터 미움을 받는 것은 아닐지? 이러다가 왕따를 당하지는 않을지?' 걱정이 되어 열일을 제쳐 놓고 면담 요청을 먼저 했다. 담임도 마침 면담을 원하고 있었던 듯하다.

담임교사를 보니 자녀를 키우는 분 같다. 그러면 자녀양육의 어려움을 어느 정도는 알고 있을 듯하다. 학교에 올 때는 자신이 알고 있는 상식적인 지식을 말하면서 자신이 그저 평범한 엄마는 아닌 것을 말하고 싶었지만, 우선 담임의 이야기를 들어보기로 했다.

담임은 의외로 민철이의 강점을 잘 파악하고 있었다. 그런데 수업시간에 점점 산만해지는 민철이의 태도를 걱정하고 있는 것이다. 몇 번 주의를 주어도 변하지 않으니까 면담을 요청하고 싶었던 것이다. 민철이에게 관심을 가지고 살펴보았던 정성이 새삼 고마운 생각이 들었다.

선생님 앞에서 나의 지식을 늘어놓아 봐야 무얼 하겠는가? 선생님의 조언을 귀담아 듣기로 했다.

"선생님, 많은 아이들을 상대하시기 바쁘실 텐데, 우리 민철에게 개인적인 관심을 가져주서서 고맙습니다." 한마디 더 덧붙였다. "선생님의 조언을 새기고 집에서 민철이와 많은 대화를 나누어 보겠습니다. 그리고 민철이의 행동이 바뀌도록 저도 노력해 보겠습니다. 앞으로도 민철에게 많은 관심을 부탁드립니다."

선생님은 "네, 우리 함께 민철이를 위해 노력해 봅시다. 민철이가 잘 자라서 꿈을 이룰 수 있도록 저도 최선을 다하겠습니다."라고 하였다.

돌아오는 발걸음이 오히려 가벼웠다. 선생님의 개인적인 관심이 진정으로 감사했고, 집에서는 모르는 민철이의 행동을 이해하게 된 계기도 되었다.

🏫 학교현장을 이해해 볼까요

어머니는 자기 자녀 한 명만 상대하지만, 담임교사는 20~30명의 아이들을 상대한다. 그러다 보니 아이들의 행동이 자연스럽게 비교가 되고, 행동 특성에 따라 집단이 나뉜다. 일반적으로 담임교사의 말을 잘 따르고 학교 규칙을 잘 지키는 집단, 학교 규칙을 무시하고 넘치는 에너지를 발산할 기회를 찾아 즐기는 집단 그리고 양쪽에 속하지는 않지만 자기 표현을 별로 하지 않고 무덤덤하게 넘어가는 집단으로 나뉜다.

요즘 아이들은 너도 나도 자기 욕구 표현에 적극적인지라, 두 번째 집단에 속한 아이들이 점점 늘어간다. 이 아이들이 학급의 분위기를 주도하게 되면, 담임교사의 학급 운영은 매우 힘이 든다.

아마도 민철이는 학년 초에는 첫째 집단에 속해 있었을 것이다. 그런데 점점 두 번째 집단의 아이들과 어울리며 수업시간에 집중을 하지 않는 태도가 늘어가서 담임은 부모와 상의를 하고 싶었다. 요즘 부모들은 담임의 면담 요청을 달가워하지 않는 분위기다. 맞벌이 가정의 증가로 어머니들도 매우 바쁜 생활을 하기 때문이다. 그래서 시간을 내는 것이 쉽지 않다. 게다가 담임이 먼저 면담 요청을 하는 경우 긴장하기도 한다. 주위 엄마들에게 담임이 만나자는 연락이 왔다고 하면, '혹시 아이가 무슨 문제를 일으킨 것은 아닐까?' 하는 시각으로 보는 것도 부담스러워서 일부러 그런 말은 안 한다.

별로 유쾌하지 않은 기분으로 학교에 왔는데, 담임이 아들의 부정적인 점만 말하는 것이 아니라 강점도 찾아주고 자녀의 적성이나 흥미를 잘 파악하고 있으면 담임에 대해 신뢰가 깊어진다.

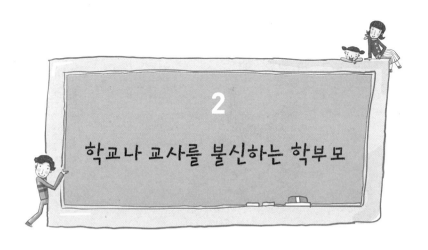

2

학교나 교사를 불신하는 학부모

이런 일이 있었어요

김 교사는 교사 경력 12년차의 4학년 담임교사다. 수업을 마치고 아이들을 모두 하교시키고 나니 모처럼 여유가 생긴다. 내일 수업 준비와 서류 업무를 서둘러서 처리하고 나니 퇴근 시간 30분 전이다. 그때 송글이 어머니로부터 전화가 왔다. 늘 귀여운 모습으로 생글거리는 송글이가 혹시 오늘 학교에서 무슨 별다른 일이 있었나를 순간적으로 떠올리며 수화기 너머에서 들려오는 이야기를 들었다. 그런데 전화를 끊고 난 김 교사는 매우 불쾌한 기분이 들었다.

송글이 어머니의 전화 내용은 다음과 같았다.

선생님, 우리 송글이가 작년에는 수학 시험을 보면 항상 성적이 좋

2. 학교나 교사를 불신하는 학부모   25

앉어요. 그런데 이번 수학 시험에서는 성적이 뚝 떨어졌네요. 혹시 선생님의 수학지도 방법에 문제가 있는 건 아닌가요? 다른 아이들도 수학 점수가 별로 안 좋다고 하던데요…….

들기에 매우 거북한 말이었다. 송글이 어머니가 완곡하게 표현하긴 했지만, 김 교사에게는 그렇게 들리지 않았다.

🖉 학부모 기분은 이렇지요

작년까지는 수학 점수에 대해 별로 신경을 쓰지 않을 정도로 딸 송글이가 수학을 잘했다. 수학은 안심해도 되겠다는 생각을 할 정도였다. 그러던 차에 딸이 가져온 수학 시험지의 점수를 확인하는 순간 실망스러움을 감출 수 없었다. 새 학년에서 본 수학 시험 점수는 걱정스러울 정도로 낮았다. 순간 기분이 안 좋아졌다.

'그동안 수학에 대해서는 너무 무심했었나? 학년이 올라가니

수학 내용이 너무 어려워졌나? 혹시 송글이가 공부 시간에 딴 짓을 하나?'

이런 저런 생각으로 착잡하다가 선생님에게 원망의 마음이 생겼다.

'그래, 맞아. 학부모 총회 때도 수학지도를 어떻게 하겠다는 안내가 없었어. 인성지도만 강조했지 구체적으로 교과목에 대한 안내를 받은 기억이 없네. 인성을 핑계로 교과지도를 소홀히 하는 거 아냐? 인성지도는 집에서 알아서 할 건데……'

혼자서 이리저리 생각했다. 그러다가 아무래도 선생님에게 전화를 걸어 봐야겠다고 수화기를 든 것이다. 그리고 마음속에 꿈틀거리는 말을 했다.

"선생님의 수학지도 방법에 문제가 있는 건 아닌가요?"

🖼️ 선생님 기분은 이렇지요

하루 일을 기분 좋게 마무리 하고 가벼운 마음으로 퇴근 준비를 하던 김 선생님은 송글이 어머니의 전화 한 통에 기분이 확 나빠졌다.

'아니, 자기 딸이 못한 것을 가지고 왜 나에게 책임을 묻는 거야? 그리고 자기 아이만 말하면 됐지 왜 다른 아이들 점수까지 오지랖 넓게 참견하는 거야? 학부모 총회 날, 자기주도 학습에 대해 설명할 때 뭘 들었지?'

방금 전까지 좋았던 기분이 이런 생각들로 어두워지기 시작했다.

수학 시간은 특별히 더 신경을 써서 모든 학생이 주의집중을 하고 설명을 듣도록 강조했던 김 선생님이었다. 새로운 단원이나 주제를 배울 때 원리를 이해하도록 자세히 설명하고, 그 원리에 따라 문제를 풀어 보고 숙달될 때까지 더 많은 문제를 풀도록 신경을 쓰며 지도했다. 그때마다 송글이는 아무런 어려움 없이 잘 해결해 나가는 것이 신통했다. 그랬던 송글이가 이번 시험에서 낮은 점수를 받은 것에 대해 김 교사도 약간 의아해하고 송글이를 안타깝게 여기던 참이었다. 마침 송글이 어머니의 전화를 받고 그런 마음을 전달하려고 생각하고 있었다. 그런데 담임의 말은 듣지도 않고 책임을 따지는 듯한 전화에 맥이 빠진다. 어이없고 황당했다.

📖 학부모는 이렇게 하고 싶어요―부정적 선택

송글이 어머니가 송글이의 수학 점수를 보고 속상해하는 것은 지극히 당연한 부모 마음이다.

'송글이가 혹시 수업 중에 집중을 하지 않는지? 수학 내용이 너무 어려워지진 않았는지? 혹시 내가 송글이의 수학 성적을 너무 마음 놓고 있지는 않았는지?' 여러 생각을 하다가 결국에는 선생님에 대한 원망으로 돌아갔다.

'내 딸이 수학을 잘하는 아이인데 이렇게 점수가 안 좋은 것은 분명히 선생님의 수학지도 방법에 문제가 있음이 틀림없어.' 하는 마음으로 따지고 싶어 화가 나는 마음을 자제를 하면서 전화를 한 것이다. 그런데 그만 마음속에 있던 말이 튀어 나오고 말았다. 그 말이라도 하고 나니 조금 시원하긴 했다. 사실은 더 심한 말을 하고 싶었다. '선생님, 우리 딸 수학 잘하는 것 아시죠? 그런데 학년 올라와서 처음 본 시험에 이 점수가 뭐예요? 선생님이 엉망으로 가르친 것은 아닐까요?'

결국 감정이 섞인 말을 하여 선생님의 기분을 나쁘게 했다. 평소 좋은 인상을 주었던 학부모였는데 교양 없이 말한 송글이 어머니의 태도에 선생님은 속이 많이 상했다. 송글이 어머니는 큰 실수를 한 셈이 되었다.

? 이렇게 하면 어떨까요−긍정적 선택

송글이 어머니의 속상한 마음은 이해가 간다. 이 세상 어느 부모가 자식의 낮은 시험 점수를 보고 무덤덤하겠는가? 그래서 아이를 데리고 괜히 이것저것 꼬치꼬치 묻기도 한다. 그러다가 언성을 높이거나 혼을 낸다.

"신나게 놀기만 할 때부터 내가 알아봤다." "용돈을 깎을 테다." "다음 시험에서 평균 10점 오르지 않으면 내쫓을 테다." 협박과 강요로 부모로부터 심문을 당해야 하는 이 시간이 부담스러워 고학년 아이들은 시험지를 숨기기도 한다. 이런 심리와 분위기를 이해하면 학부모는 자녀에게도 담임교사에게도 도움이 안 될 행동은 자제해야 한다.

그런데 곰곰 생각해 보면 좀 더 다른 선택을 할 수도 있다.

시험지를 살펴보면서 차근차근 아이와 대화를 해야 한다. 그러다가 아주 어려운 문제를 맞춘 것을 발견하면 칭찬도 아끼지 말아야 한다. "어떻게 이렇게 어려운 문제를 잘 맞추었을까? 신통하구나." 이렇게 해서 아이의 기분을 띄워 주어야 한다. 혹시 실수해서 틀린 문제들은 오답노트를 기록하면서 다시 풀도록 해야 한다. 그래야 다음 시험에서 실수를 줄일 수 있다. 너무 쉬운 문제인데 틀린 것을 발견하면 그때는 어머니가 감정 조절을 해야 하는 순간이다.

담임교사에게 전화하는 것은 심사숙고했어야 한다. 얼굴이나 표정을 보지 않고 의사전달을 할 때는 오해가 일어날 수 있다. 엉뚱하게 책임 운운 식의 대화를 하면 오히려 역효과를 낼 수 있다. 지혜로운 어머니는 행동하기 전에 늘 세 번은 생각한다. 자녀와 충분히 대화를 해 보고, 필요하다고 판단이 되면 담임교사에게 면담 요청을 한다. 그래서 수학 내용과 지도 방향에 대한 안내를 받도록 한다. 그 안내를 잘 따르도록 가정지도를 하면서 다음 시험에 잘 적응하도록 하는 것이 긍정적 선택이다. 그리고 그것이 자녀지도에 도움이 되는 학부모 역할이다.

🏫 학교현장을 이해해 볼까요

성격이 급한 학부모는 이렇게 화풀이 식의 전화를 하고 나서 곧 후회하기도 한다. 자기 자녀만 생각하다가 미처 사실 확인도 안 하고 전체를 보지 못한 실수를 하고 나서는 멋쩍어하지만, 이미 쏟아진 물을 주워 담을 수는 없다.

성적에 관한 것은 부모들이 가장 민감해하는 부분이다. 요즘 학교는 성적에 민감한 부모들과 성적 스트레스로 힘들어 하는 아이들을 편하게 해 주기 위해 시험을 줄이거나 없애 가고 있는 분위기다. 수학경시대회도 가정통신을 보내서 참여 여부를 묻고 희망자에 한해 실시하는 학교도 있다.

시험을 치른 후에는 자녀가 받은 성적에 따라 아이를 인정하거나 꾸중한다. 인정을 하더라도 점수의 고저에 따라 칭찬의 양과 질이 달라지는 분위기다. 꾸중하다가 화가 나면 자녀에게 하지 말아야 할 말실수도 한다. 그러니 아이들이 시험지를 받으면 엄마

얼굴이 먼저 떠오른다고 할 수밖에. 온 세상보다 귀한 자녀를 성적으로 평가하는 결정적인 실수를 멈추어야 하건만, 학부모가 되면 달라진다. 이런 상황을 견디다 못해 귀한 생명을 포기하는 사건까지도 일어나지 않았던가?

이 사례의 경우, 담임교사로부터 평가의 난이도, 학년에 따라 달라지는 수학의 내용 요소와 선행학습의 정도(사교육 선행학습이 아님), 자녀의 학습 방법에 대해 전문적인 안내를 받고 나중에는 수긍을 했지만, 기초 및 기본 교육과정을 배우는 중에 있는 초등학생을 행복하게 해 주기 위한 학부모 역할이 무엇일지 함께 생각해 볼 일이다.

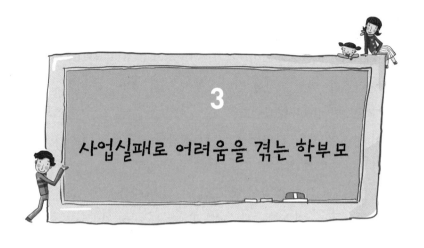

3
사업실패로 어려움을 겪는 학부모

소영이 어머니는 한 가정의 주부로서 열심히 살아왔다. 그런데 남편이 하는 사업에 어려움이 생기고 중학교에 들어간 큰 아들마저 학교폭력 가해자가 되어 학교에 여러 번 불려 가다 보니 요즘은 사는 게 사는 것 같지 않다. 소영이가 어렸을 때는 남편 사업도 잘되고, 아들도 학급 임원을 여러 번 해서 학교에 가는 것이 자랑스러웠다. 자신이 꽤 학부모 노릇을 잘한다고 생각하며 마치 학교에서 특별대우를 받는 양 다른 부모들에게 으스대고 싶은 심정도 있었다. 나이가 좀 있기 때문에 다른 학부모들이 언니라며 따르기도 하면서 궁금한 것을 늘 물어오기도 하고, 상담을 해 와서 조언을 해 주는 입장이었다. 그런데 요즘은 창피해서 밖에 나가기도 싫고 사람들 만나기도 부담이 된다.

설상가상으로 5학년 소영이가 웬일인지 학교에서 따돌림을 당하고 있다. 집에만 오면 아이들이 자기를 따돌린다고 울상이다. 귀여운 막내딸이 이런 상황이다 보니 부정적인 생각이 든다.

'도대체 학교는 뭐하는 곳이며, 담임은 아이가 따돌림 당하는 것도 모르고 있으니 월급은 왜 받는 거야?'

누군가를 만나기만 하면 분노를 폭발할 것 같다. 그런데 학교에서는 학부모 상담 주간이라고 상담을 하러 오라고 한다. 가뜩이나 학교와 담임교사에 대한 불신이 큰데, '이건 또 뭐야?' 하며 내용을 대충 읽고, "안 가면 안 되니? 왜 바쁜 사람 오라가라 한 대니?" 하면서 가정통신문을 옆으로 밀어 놓는다.

✏️ 학부모 기분은 이렇지요

참으로 설상가상이다. 남편 사업이 안 되는 것만 해도 온 가족의 스트레스이고 위기인데, 거기다 중학생 아들은 학교폭력의 가해자가 되고…….. 남편과 아들이 밉고 원망스러운데, 거기다 애지중지 키운 딸을 또 누군가가 왕따를 시키고 있다니 어찌 화가 나지 않겠는가!

그 화로 인한 분노는 고스란히 담임교사에게 돌아갈 수 있다. 그러니 학교에서 상담하러 오라는 가정통신문을 곱게 볼 리가 없다. 그리고 이젠 사람들 앞에 나서는 일도 힘들어졌다. 숨을 수만 있다면 어디론가 숨어 버리고 싶은 심정이니까. 그리고 학교도, 교사도 이젠 믿을 수가 없다. 그래도 나름대로 학교 일에 협조하면서 지냈는데, 지금은 헛수고를 한 기분이다. 이젠 그럴 필요도 없다. 그러다 보니 아이 앞에서 불평불만을 하면서 학교에서 가져온 가정통신문을 밀어 놓았다. 속으로는 '이러면 안 되는데.' 하면서도 막상 입 밖으로 나오는 말이나 행동은 마음 같지 않다.

🏫 선생님 기분은 이렇지요

이 상황에서는 딱히 선생님 기분이 나쁠 리는 없다. 하지만 작년까지는 학교 일에 열심히 활동을 해 주시던 분이 올해는 아무런 협조가 없을 때, 그 이유가 무엇인지 담임은 궁금해질 수 있다. 협조란 다름 아니고 아이들의 안전 등교를 위해 학교 근처에서 교통봉사를 하는 녹색어머니회나 명예교사회 활동 등을 말한다. 특히 녹색어머니회의 활동은 학급별 연간 봉사 명단이 구성되어야 하기 때문에 필수적으로 협조해야 하는 상황이다. 요즘은 맞벌이 가정이 많다 보니 아침 일찍 시간을 내는 것이 여간 쉽지 않다. 그동안 소영이 어머니가 이러한 활동에 열심히 해 주었기 때문에 올해도 기대를 하고 있었다. 그런데 학부모 총회 때 아무런 말도 없이 조용히 앉아 있다가 끝나기가 무섭게 살짝 나가는 소영이 어머니의 뒷모습을 보았다. 담임교사는 '혹시 내가 담임교사로서 마음에 들지 않으신가?' 하는 근거 없는 생각도 잠깐 들었었다.

📖 학부모는 이렇게 하고 싶어요 – 부정적 선택

가뜩이나 이런 저런 생각들로 심란하고 기분도 가라앉아 있는데, 아이가 내미는 가정통신문이 반가울 리 없다. 이런 상황에서 불평불만은 자연스럽게 나올 수 있다. 직접 말을 하지 않더라도 표정에 나타난다. 그런 엄마의 분위기는 자녀에게 매우 부담을 주게 된다. 자녀는 엄마의 눈치를 보게 된다. 물론 분위기를 파악하고 적절히 대응하는 전략을 나름대로 세워 나가는 것도 사회화의 한 과정이기도 하다. 하지만 부정적인 경험을 자주 하는 것은 아이의 성장에 도움이 되지 않는다.

아이는 학교에 와서는 담임교사의 눈치를 보게 된다. 엄마가 불만을 표현하며 가정통신문을 중요하지 않게 생각했던 것을 알고 있다. 담임선생님은 어제 가정통신문에 희망 상담일자를 적어 올 것을 강조했다. 오늘은 회신용 쪽지를 걷고 있는데, 소영이는 받아오지 못했다. 거기다 엄마는 귀찮아하고 불평스럽게 가정통신문을 밀어 놓는 것을 보았다. "안 가져온 사람?" 하고 선생님이 물을까 봐 조마조마하다. '이유까지 물으면 뭐라고 말해야 하지?' 사실대로 말할 수는 없지 않는가?

어머니의 일거수일투족은 이래서 매우 진중해야 한다.

❓ 이렇게 하면 어떨까요–긍정적 선택

소영이 어머니는 지금 사면초가 상황이다. 남편의 사업이 안 되니까 여기저기서 빚독촉도 받게 되고 아들도 말썽이다. 소영이까지 왕따를 당하니 이런 상황에서 이성적인 판단을 하기는 쉽지 않다. 그러나 엄마이기 때문에 선택을 하는 데 있어서 여러 번 심사숙고할 필요가 있다.

우선 소영이의 담임교사에게 면담을 요청해야 한다. 마침 학부모 상담 기간이기도 하니 좋은 기회가 온 것이다. 가능하면 상담 기간 중 이른 날짜에 상담을 요청하되, 제일 마지막 시간대를 신청하여 담임에게 그간의 사정을 충분히 말하는 것이 좋다. 소영이가 가정통신문을 내밀었을 때 '좋은 기회가 왔구나.' 하고 생각하며 긍정적인 반응을 했더라면 소영이가 학교에서도 집에서도 눈치 볼 필요가 없었다. 게다가 학부모 총회 날 아무런 말도 없이 도망치듯 교실을 빠져나온 소영이 어머니에 대한 담임교사의 괜한 오해도 지울 수 있다. 그리고 담임교사에게는 소영이네의 딱한 사정을 알려 주어 다양한 상황에서 특별한 돌봄이나 배려를 받도록 할 수 있다.

🏛 학교현장을 이해해 볼까요

요즘은 거의 모든 학교에서 일 년에 두 번 정도의 학부모 상담 기간을 설정해 놓고 공식적으로 상담을 진행한다. 학부모의 편의를 생각하여 야간 상담도 진행한다. 간혹 학부모 상담을 부담스럽게 생각하는 학부모도 있으나, 담임교사는 이 기간을 잘 보내기 위해 많은 준비를 하고 있다. 가정을 가진 담임교사는 야간 상담을 진행하기 위해 가정의 스케줄도 미리 조정한다. 학부모는 학교에서 최대한 학부모의 편의를 배려하면서까지 이런 기간을 설정하는 취지를 이해하고 충분히 협조하고 활용하여야 한다.

소영이 어머니의 경우 긍정적인 선택을 하였다면 담임교사에게 그간의 사정을 충분히 호소하면서 이해를 구할 수 있다. 담임교사는 소영이네 가정의 딱한 사정을 듣고 공감하면서 교사가 도울 수 있는 일을 찾아 소영이를 최대한 돌보아 줄 수 있다. 이렇게 함으로써 가정과 학교는 서로 손을 잡고 소영이의 바른 성장을 위해 함께 노력하게 된다. 아이들에게 왕따 예방 및 근절의 기회도 줄 수 있다.

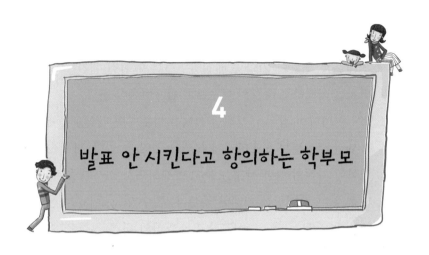

4

발표 안 시킨다고 항의하는 학부모

아이들은 학교에서 있었던 일을 부모에게 정확하게 전달하지 못한다. 특히 저학년일수록 자기 기분을 과장하고 사실을 왜곡해서 말하는 경향이 있다. 3학년 아연이 어머니는 아이의 말만 듣고 학교와 교사를 부정적으로 생각하는 경향이 있다.

학교에서 돌아온 아연이가 "선생님은 나만 발표를 안 시켜. 아무리 손을 들어도 ○○만 시키고 나는 안 시켜 줘!"라고 말을 했기 때문이다. 이런 말을 듣는 학부모는 누구라도 기분이 좋을 리가 없다. 성격이 급한 아연이 어머니가 아연이 말을 듣자마자 학교로 달려왔다. 교실에 들어가자마자 담임교사에게 다짜고짜 따졌다.

엄마: 선생님, 왜 우리 아연이를 그렇게 미워하세요?

교사: 네? 무슨 말씀인지…….

엄마: 아연이가 아무리 손을 들어도 안 시켜 주시는 이유가 뭔데요?

교사: 여기 앉으세요. 그리고 무슨 내용인지 천천히 말씀해 보세요.

아연이가 그렇게 말했어요?

선생님은 되레 미소가 나왔다. 선생님의 미소를 보고 더욱 어이가 없어진 아연이 엄마는 점점 화가 나고 있는 중이다.

✏️ 학부모 기분은 이렇지요

아이로부터 선생님이 자기만 발표를 안 시킨다는 말을 들은 학부모는 화가 날 만도 하다. 아이를 학교에 보내고 공부 잘하고 돌아오기를 하루 종일 기다렸던 학부모다. 그런데 뛰어들어온 아이로부터 선생님에 대한 불만을 들었을 때, 그것도 발표하려고 손을 열심히 들었는데 안 시켜 주었다는 말을 들었을 때 얼마나 속이 상하겠는가? 그런 상황이 되면 학부모는 여러 상상을 한다.

'혹시 우리 아연이를 미워하는 것일까? 나도 선생님께 미움받을 행동을 한 적은 없는데?'

이런 엉뚱한 생각을 하면서 문제를 확대한다. 이 경우에도 사실을 자세히 알아볼 틈도 없이 무조건 학교로 달려온 것이다.

'내 아이가 피해를 입는 것은 참을 수 없다. 발표는 골고루 시키는 것인데 이렇게 아이를 따돌리니 학교를 어떻게 믿을 수 있겠는가?' 하는 생각으로 더 자세히 알아보지 않고 무조건 학교를 찾아와 항의를 한 것이다.

📋 선생님 기분은 이렇지요

담임인 김 교사는 누구보다 아이들을 공정하게 대하려고 노력한다. 오늘은 특히 더 아이들의 발표 기회에 신경을 썼다. 왜냐하면 용기 없는 아이들이 손을 들지 않고 늘 다른 아이들이 발표하는 것을 듣기만 하는 것이 안타까웠기 때문이다. 그래서 집중적으로 그 아이들에게 기회를 주려 했던 날이다. 소극적인 아이도 용기 있게 참여하도록 의도적으로 쉬운 문제를 자주 냈다. 그래서 아연이처럼 평소에 적극적으로 발표하던 아이들에게는 몇 번의 기회가 그냥 지나간 것이었다. 선생님의 그런 마음을 알 리가 없는 아연이는 그때마다 번번이 기분이 상했다. 그리곤 자기만 소외되었다는 기분을 안고 집에 가자마자 엄마에게 불만을 토로한 것이다.

자초지종을 들으려 하지도 않고 무조건 소리부터 지르는 막무가내 학부모를 보니 당황스러웠다.

'아연이는 평소에 발표를 잘해서 발표왕으로 뽑힐 정도인데 욕심이 많아도 너무 많구나. 다른 아이들에게 기회를 준 것이 그렇게 속상했다니 욕심이 과하네. 이런 문제로 달려와서 따지는 엄마를 보니 그 엄마에 그 딸이군.'

쓸쓸한 기분이 들었다.

📖 학부모는 이렇게 하고 싶어요-부정적 선택

엄마가 아연이로부터 발표에 대한 이야기를 들었을 때 속상하고 화가 나는 것은 누구나 마찬가지다. 그렇다고 금방 달려와서 교사에게 따지는 행동은 어른답지 못하다. 아이나 어른이나 화가 날 때는 시간을 벌어야 한다. 화가 난 상태로 말이나 행동을 하면 분명히 실수할 수 있다. 선생님의 발표력 향상 전략을 듣고 난 아연이 어머니는 멋쩍어지고 미안해서 오히려 선생님에게 죄송하다고 사과를 하고 돌아갈 판이다.

'엎질러진 물이니 주워 담을 수도 없고, 조금만 참았더라면 이런 실수는 안했을 텐데…….' 후회해 봐야 이미 늦었다.

❓ 이렇게 하면 어떨까요-긍정적 선택

학교에서 돌아온 귀한 딸이 기분 좋은 말을 들려주면 얼마나 좋았겠는가? 하지만 이렇게 속상했던 이야기를 들을 때도 많다. 특히 저학년 때는 더 그렇다. 이럴 때 부모는 어떻게 하는 것이 좋을까?

이때가 바로 감정코칭을 해야 할 때다. 감정코칭의 핵심은 감정은 모두 받아주고 행동은 제한하는 것이다. 그렇게 되면 아이로부터 학급의 분위기를 짐작할 수 있는 말이 나온다.

"우리 아연이가 손을 열심히 들었는데도 선생님이 안 시켜 주어서 많이 속상했구나. 엄마는 우리 딸이 손을 열심히 들었다는 것만 들어도 기분이 좋은데? 그런데 선생님이 왜 우리 아연이를 안 시켜 주었을까?"

이렇게 대화를 하다 보면 아연이는 나빴던 자기 기분을 엄마가 알아주니까 서서히 기분이 풀리게 된다. 그러면서 오늘 선생님이 발표를 시켰던 아이들이 떠오른다. 그리고 그 아이들이 평소에는 손도 안 들고 아예 발표에 참여하지 않던 아이들임을 어렴풋이 깨달을 수 있다.

"응, 오늘은 나처럼 평소에 발표 잘하던 아이들 말고 안 하는 아이들을 시킨 거야. 오늘은 너무 쉬운 문제만 선생님이 내셨어. 그래서 공부를 잘 못하는 아이들에게 기회를 준 거야."

이런 분위기까지 될 수 있다. 이것이 감정코칭의 효과다.

🏫 학교현장을 이해해 볼까요

이런 상황은 저학년을 둔 가정에서 가끔 겪는 일이다. 아이는 기분이 나쁜지 좋은지에 따라 행동이 달라지기 때문이다. 부모는 자녀의 모델이다. 이 말은 자녀는 삶을 살면서 부모가 한 대로 본 대로 따라한다는 것이다. 특히 이 경우처럼 화가 난다고 즉시 감정을 발산하는 행동을 하게 되면 자녀는 부모의 모습을 그대로 닮는다. 학교에서 행동할 때도 그 영향이 바로 나타난다. 화가 나면 참지 못하고 바로 행동으로 옮긴다. 이 얼마나 위험한 일인가?

자녀가 발표와 관련지어 불만을 말할 때 부모는 20~30명이 있는 교실 상황을 상상해야 한다. 골고루 발표할 기회를 준다면 저학년의 경우 하루에 4교시를 하니까 시간 당 몇 번 정도의 기회가 올지 계산이 된다. 그것도 질문이나 발문의 난이도에 따라 다르다. 발표에 대한 의욕이 많은 것은 매우 바람직한 일이다. 그런데 다른 아이들에게도 골고루 기회가 돌아가도록 양보하거나 배려하는 일은 더 아름다운 배려다. 이런 것까지도 함께 가르치는 학부모가 성숙한 사람이고 인성지도를 염두에 둔 부모다.

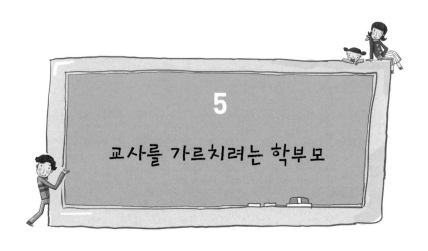

5

교사를 가르치려는 학부모

이런 일이 있었어요

　진식이 외할머니는 교사로 퇴임하신 분이다. 딸이 전문직이어서 학교에 올 시간을 내기 힘든 관계로 학부모 관련한 역할은 거의 외할머니가 맡아서 한다. 학부모 총회 때도, 학부모 공개수업을 할 때도, 현장학습을 갈 때도, 어린이날 기념 운동회를 할 때도 진식이 주변에는 외할머니가 늘 붙어 있다.

　어느 날, 수업을 마치고 조용한 교실에서 환경정리를 하는데 진식이 외할머니가 오셨다. 자리를 마련해 드리고 차를 한 잔 권했다.

　그러고는 진식이 외할머니의 이야기가 시작되었다. 자신이 현직에 있을 때는 최고의 교사였다는 말로 시작하여, 요즘 아이들 교육에 문제가 많다는 말을 할 때까지는 현장을 이해하는 편에 서는

줄 알았다. 그런데 자신이 그동안 지켜본 결과, 담임교사가 아이들을 다루는 방식에 문제가 있다는 것을 하나하나 지적하기 시작하면서부터는 교사를 불신하는 분위기를 느낄 수 있었다.

특히 진식이는 금쪽같은 외손자이니 특별하게 대우해 주기를 바라는 말을 할 때는 '이 분이 교육자였던 것이 맞나?' 하는 생각이 들 정도였다. 외동이라 아주 곱게 키웠다고 강조하면서 집에서도 진식이에게 존대말을 써 준다는 이야기를 하고, 학교에서도 그런 대우를 받았으면 좋겠다는 말까지 한다. 진식이 외할머니가 하고 싶은 말은 바로 그것이었다. 특별 대우를 해 달라는 것. 거기다 그동안 학급 아이들을 관찰해 보니 몇몇 남자 아이들이 매우 거칠어서 진식이가 피해를 입을까 봐 걱정되므로 내일부터 복도에서 지켜보면 안 되겠느냐는 말까지 덧붙인다.

담임교사는 참으로 난감했다. 젊은 엄마라면 타이르기라도 하겠는데, 전직 교사이니 알 만큼 아는 분이 이렇게 담임의 입장을 난처하게 할 수 있을까 하는 생각에 답답하기만 했다.

'진식이 외할머니께서 담임의 입장이라면 누군가 복도에서 오전 내내 교실을 들여다보고 있다면 어떤 기분이 들겠어요?' 하고 반문하고 싶었으나 참았다.

✏️ 학부모 기분은 이렇지요

진식이 어머니는 법조계에서 일한다. 바쁜 일상으로 자녀의 학교에 올 수 없는 안타까움을 친정 어머니가 대신 해 주니 든든하다. 더욱이 어머니는 평생을 교사로 지낸 분이 아닌가? 그러니 자기가 학부모 역할을 하는 것보다는 어머니가 해 주면 보다 더 전문적인 관점에서 담임교사를 대할 것이라고 생각했다. 담임교사도 어머니가 교사였던 것을 알면 아들에게 좀 더 신경을 써 줄 것이고, 그것이 진식이에게 훨씬 도움이 될 것이라 생각하여 마음을 푹 놓는다. 학교 일은 어머니가 알아서 해 주실 것이니 사무실 일만 전념하면 된다며 아예 신경을 끊었다.

진식이 외할머니는 끔찍한 손주 사랑으로 '손주 바보'라고 주위에서 놀림받을 정도다. 그러니 어린 손자를 학교에 보내고 얼마나 노심초사할지 짐작이 갈 것이다. 1학년 남자 아이들은 4월 정도가 되면 조금씩 학교생활에 적응하면서 친구관계도 넓어지고 마음껏 자기 표현을 하는 시기다. 진식이를 데리러 와 보면 개구지게 노는 분위기 속에서 혹시나 손자가 피해를 당하지는 않을까, 그러다가 치여서 다치기라도 하면 어쩌나 걱정이 되었다. 담임교사는 도대체 이런 상황을 아는 건지 무관심한 것이 못마땅하다. 쉬는 시간에는 뭐가 그리 바쁜지 아이들을 살펴볼 엄두도 못 내고 이리저리 왔다갔다 하는 것이 못미덥기만 하다.

　'아이들이 노는 모습을 살펴봐 주고 위험한 일을 피하도록 적극적으로 지도해 주면 좋겠는데…….' 급기야 담임에게 개별 면담을 요청하고 복도에서 손자를 지켜보면 안 되겠냐고 물었다.

🖼 선생님 기분은 이렇지요

　선생님은 처음에는 교사 출신의 학부모가 있는 것이 든든하게 생각되었다. 교사의 애로사항을 누구보다 잘 이해할 수 있으니 힘들 때는 하소연도 할 수 있고 도움도 받을 수 있겠다는 생각까지도 했다. 더욱이 세상을 많이 산 어른 아닌가? 그러나 그건 착각이었다.

　학교와 학급 운영에 대해 좀 안다고 그리고 자기가 현직이었을 때 학급관리를 잘하는 최고의 교사였다고 자랑하며 복도에서 교실참관을 하겠다고 한다.

　'본인도 현직 교사였을 때 누군가 교실 안을 들여다보면 부담이 되었을 것이 뻔한데 입장이 달라졌다고 이렇게 몰이해를 한단 말인가?'

　담임은 어이가 없고 황당하기 짝이 없었다.

　'아무 것도 모르는 일반 학부모들은 오히려 담임의 애로사항을 이해하고 협조적인데, 좀 아는 분이 더 힘들게 하네? 이런 심리는 뭐지?'

　더 불쾌한 것은 대화가 진행되던 틈틈이 아이의 담임교사인 자기를 가르치려 했던 그분의 태도였다.

　'아무리 전직 교사였다고 해도 지금은 학부모 입장이고, 나는

담임교사인데 날 가르치려하다니……'

'손주를 돌본다는 명분하에 자기 손주만 생각하는 급 이기주의로 돌변하는 조부모들이 학교의 새로운 부담으로 등장한다는 말을 들은 적이 있는데 바로 이런 경우를 두고 하는 말이었구나.'

담임교사는 씁쓸하기만 했다.

📖 학부모는 이렇게 하고 싶어요–부정적 선택

경력이 오래된 퇴임 교사는 가르치는 활동과 관련하여 좋은 경험들을 많이 갖고 있다. 그 좋은 경험을 적용할 만한 환경이 딱 손주가 학교에 입학한 후다. 손주의 담임교사가 경력이 좀 낮은 듯해 보이면 과거 선배 노릇하던 끼가 살아나 담임교사에게도 선배 노릇을 하려 한다. 지금은 엄연히 학부모의 입장으로 역할이 바뀌었는데도 말이다. 그래서 기회가 되면 자신의 과거 이야기를 훈장 늘어놓듯이 자랑한다. 특히 나이가 들수록 말이 많아져서 적절히 통제가 안 되면 담임이 점점 불편해진다.

진식이 할머니는 외손자가 귀여운 나머지 이기심이 발동해서 복도에 와서 아이를 지켜보겠다고 한다. 그 동기는 담임을 불신하는 데서 출발한 것이다. 이렇게 되면 결국 담임교사를 괴롭히는 것이 된다. 매 시간마다 복도에서 누군가 교실을 들여다보고 있다고 생각해 보라. 선생님이 자유롭게 아이들을 가르칠 수 있겠는가? 1학년 교실에서는 교사가 쇼를 하듯이 변화무쌍해야 아이들을 집중시킬 수 있는데, 어색한 분위기에서 자연스런 행동이 나올 리 없다. 결국 진식이에게는 손해가 되는 선택이다.

전직 교사 입장에서 볼 때 손자의 담임이 학급을 경영하는 것이 다소 어설퍼 보일 수도 있다. 자신의 오랜 경험을 생각하며 참견하고 싶은 순간도 있을 것이다. 그러나 지금은 학부모의 입장이다.

정말로 손자를 위한다면 교사의 애로사항을 이해하고 힘이 날 만한 말을 해 주어야 한다. 그리고 궁금한 것은 질문을 해서 교사의 의도나 생각을 알도록 해야 한다.

"철없는 아이들 데리고 많이 힘드시죠?"

"선생님의 수고로 아이들의 학교생활이 매일 조금씩 달라지고 있네요."

"우리 진식이가 학교에 적응해 나가는 모습이 참 기특하군요. 선생님 덕분이에요."

"선생님, 쉬는 시간에 할 일이 아주 많으신가 봐요. 선생님도 아이들과 함께 좀 쉬셨으면 좋겠는데……."

"나의 초임 교사 시절이 생각나네요. 의욕은 많은데 방법이 서툴러서 선배들에게 자주 물어보던 기억이요. 혹시 제가 도움이 될 일은 없을지 항상 준비하고 있으니 언제라도 물어봐 주세요. 조금이라도 도움이 된다면 우리 진식이를 위하는 일이지요."

"개구진 남자 아이들 때문에 우리 진식이가 피해를 당할까 염려되는데, 너무 지나친 걱정이겠지요? 선생님이 어련히 알아서 돌보아주실텐데, 손주 바보가 되다 보니 참……."

이 정도만 하면 담임교사 입장에서는 진식이 할머니가 무얼 걱정하는지 다 파악할 수 있다. 직접 나서면서 담임 역할에 간섭하려 하지 말고 이런 식으로 감사와 격려와 부탁을 완곡하게 표현하는 것이 교사의 자존심도 세워 주고 기분을 좋게 하는 것이다.

🏫 학교현장을 이해해 볼까요

아무리 전직 교사였다고 해도 교사와 학부모의 경계선을 넘으면 안 된다. 인간관계에서 발생하는 많은 문제들이 경계선을 의식하지 않고 마음대로 넘나들 때 생긴다. 경계선이 모호하거나 경직되어 있거나 아예 무시될 때 양자 간에 문제가 생기는 것이다.

교사는 자존심을 먹고 산다. 모든 교사는 대학에서 배운 이론들과 현장실습에서 쌓은 실제 경험들을 녹여 내어 학급 경영을 잘하고자 애쓴다. 기본적으로 교사는 아이들을 사랑하면서 좋은 교사가 되고자 무던히 애를 쓴다. 좋은 교사가 되는 데에 도움이 될 만한 연수라면 온·오프 라인을 넘나들며 연수를 받는다. 이런 노력은 자발적인 동기가 부여될 때 더욱 빛을 발한다.

그런데 그렇게 잘하고자 하는 동기가 잠재되어 있는 교사에게 시어머니처럼 간섭하는 사람이 있다고 치자. 이것은 교사의 자존심을 무시하고 자존감을 떨어뜨리는 어리석은 행동이다. 혹시 선배로서 조언을 해 주고 싶은 내용이 있다면, 담임교사의 입장을 고려하면서 기분이 나쁘지 않도록 하는 언어 표현의 지혜를 발휘해야 한다. 학부모는 어떤 행동이나 말을 할 때 여러 번 생각하고 또 생각해서 무엇이 자녀에게 도움이 될지에 초점을 맞추어야 한다.

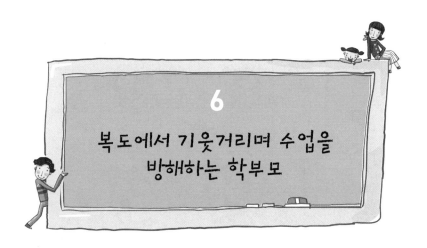

6

복도에서 기웃거리며 수업을 방해하는 학부모

📢 이런 일이 있었어요

2학년을 담임하게 된 박 교사는 올해 처음으로 발령을 받은 신임 교사다. 학교 사정에 따라 다르긴 하지만, 대개 신임 교사가 오면 발령 첫해에는 6학년을 제외한 고학년을 주로 맡게 된다. 그런데 박 교사는 모든 교사가 희망하는 2학년 담임을 맡게 된 것이다.

작년 1학년 담임교사들이 모두 경력도 많았고 아이들을 잘 가르쳐 올려 보냈으니 어려움이 없을 거라는 교감선생님의 말씀을 기억하며 교실에 들어가 아이들을 보니 모두 예쁘기 그지없었다. 발령장을 받고 임지로 부임하는 날에는 '혹시 6학년을 맡으면 어떡하나 하고 걱정했었는데, 요렇게 예쁜 아이들을 만나다니 난 참 복이 많구나!' 하며 한숨을 돌렸다.

그런데 학부모는 여간 신경 쓰이는 게 아니었다. 복도에 꽉 들

어찬 학부모들끼리 웅성거리기도 하고 유리창을 통해 교실을 들여다본다. 어떤 학부모는 자기 아이와 무슨 사인을 주고받느라고 아이가 담임교사 말을 놓치고 만다. 유리창 밖에서 자기를 마치 신기한 듯 바라보는 학부모들의 눈총이 부담스럽고 자신의 언행이 부자연스럽기 짝이 없다.

✏️ 학부모 기분은 이렇지요

학년이 올라가면 학부모의 가장 큰 관심은 '우리 아이 담임이 누가 될까?' 하는 것이다.

3월 첫 날, 새 담임도 궁금하고 새 교실에 들어가는 모습도 보기 위해 많은 저학년 학부모들이 아이와 함께 학교에 온다. 기대감을 갖고 아이가 배정된 학급에 가니 아주 앳된 교사가 담임이다.

"다른 반은 경력이 꽤 있는 선생님이 담임인데, 우리 아이 반의 선생님은 처음 발령을 받은 사람이다."

"작년 담임은 경력이 많은 관계로 늘 조언을 듣고 따라야 하는 입장이었는데, 올해는 전혀 다르다. 저렇게 어린 사람이 어떻게 저학년을 맡게 되었을까? 아무래도 경험이 없으니까 어설픈 구석이 많겠다. 담임만 믿고 있다가는 허술한 일들이 많이 생길 것이다. 각오하고 지켜보다가 여차하면 조언을 해 주어야겠다."

"마침 작년 우리 아이 담임도 올해 2학년을 맡았으니 답답한 일 생기면 그 선생님에게 물어보면 된다."

"아이들이 어린 선생님을 좋아한다니까 한편 마음이 놓이기도 하다."

"하지만 자녀를 길러 본 선생님들의 자상함은 기대할 수 없겠네."

몇몇 안면 있는 학부모들이 끼리끼리 모여서 담임에 대해 이런저런 이야기를 나눈다.

🖼 선생님 기분은 이렇지요

교실에 들어오려는데 복도에 학부모들이 꽉 차 있다. 부담스럽고 긴장이 돼서 학부모들을 바로 쳐다볼 수도 없다. 눈을 마주치고 웃으며 인사를 해야 하는 것은 알고 있는데, 첫날이라 왠지 마음먹은 대로 잘 되지 않는다.

교실에 들어가니 오물조물 아주 예쁜 아이들이 낯선 새 담임선생님을 신기한 듯 바라본다.

칠판에 큰 글자로,

"사랑해요. 우리 반 친구들." "김이슬 선생님"이라고 적었다.

그리고 아이들에게 크게 읽어 보라고 했다. 그런데 복도 유리창 너머로 기웃거리는 학부모들이 신경이 쓰여서 말이나 표정이 자연스럽게 나오지 않는다. 그런 자기 모습이 의식이 되니 첫날의 마음이 몹시 불편하다.

'왜 저렇게 동물원 동물 보듯이 들여다볼까?'

'몇 가지 아이들과 함께 할 간단한 활동도 준비했지만 분위기가 영 아니네.'

'그냥, 첫날의 기본적인 업무만 알리고 끝내야겠다.'

'아이들만 있다면 실습 때도 2학년을 맡아 봤으니까 잘할 수 있는데, 저렇게 들여다보고 있는 분위기에서는 도저히 쇼 같아서 그만 두어야겠다.'

오후가 되니 김 교사는 첫날의 통과의례를 아주 혹독하게 치른 때문인지 노곤해지고 나른해졌으나, 동학년 업무가 바로 주어져 또 긴장해야 했다.

📖 학부모는 이렇게 하고 싶어요−부정적 선택

학부모 입장에서 보면 한 학년을 마치고 새 학년에 올라가는 자녀가 대견하고 신통하다. 특히 저학년은 더 그렇다. 첫날은 궁금한 것들이 많다. 가장 궁금한 것은 담임이 누구인가다. 이어서 교실 위치는 어딘지, 어떤 아이들이 같은 반이 되었는지, 작년에 신경 쓰이게 했던 그 학부모가 혹시 또 같은 반이 안 되었는지, 동네에서 말썽꾸러기로 소문난 아이가 같은 반이 안 되었는지…….

그래서 아이를 데리고 학교에 직접 와서 새 교실로 들여보내고도 복도를 떠날 수가 없다. 유리창 너머로라도 들여다보고 새 담임이 어떻게 아이들을 맞이하는지 보고 싶다.

'첫날이라 내가 누구 엄마인지, 누가 누군지 모를 텐데 뭘…….'

선생님이 어려서 경험이 없을 것이라는 둥, 아이들하고 마음이 통해서 좋겠다는 둥, 자녀 키운 경험이 아예 없어서 아이들 이해를 깊이 있게 할까 모르겠다는 둥 혹시 올해 결혼이라도 하면 강사가 올 텐데 아이들이 걱정이라는 둥 별 걱정들을 다한다.

그런 마음으로 서로 통하는 학부모들끼리 이야기를 주고받으면서 복도에서 웅성거린다. 담임은 몇 번 복도 쪽으로 눈길을 돌리는데 학부모들은 전혀 눈치를 못 채고 있다. 복도 쪽이 시끄러워서 눈길을 주는 것인데…….

내 아이의 새 학년 첫날이 궁금해서 취했던 여러 행동들이 담임에게는 부담을 주고 괜한 염려들만 들으니 심란하기도 하고, 결국 내 자녀에게는 도움이 안 된 행동을 한 셈이다.

⑦ 이렇게 하면 어떨까요—긍정적 선택

첫날이라 궁금한 것들이 한두 가지가 아니다. 학교에 가보니 벌써 새 교실에 아이를 데려다 놓은 학부모들이 여러 명 복도에 서 있다. 담임은 아직 교무실에 있는 듯 교실에는 아이들만 있다. 작년 같은 반에서 온 아이들끼리 옹기종기 모여 앉아 이야기를 나누는 모습이 보기 좋다. 선생님이 오실 때까지 복도에 서 있고 싶지만 혹시 선생님이 부담스러워할까 봐 신경이 쓰였다. 그리고 첫날 이렇게 모여서 웅성거리는 모습을 보이는 것은 실례라는 생각이 들었다.

보고 싶은 마음을 참고 작년에 마음이 통했던 몇몇 학부모에게 "우리 여기 있지 말고 운동장으로 나가요."하니 몇 분들이 함께 따라 나온다.

"아이들이 1년 새에 많이 컸죠?" "이젠 학교생활을 스스로 알아서 잘할 거예요. 우리가 너무 아이들 근처에서 헬리콥터처럼 빙빙 돌면 아이들 의타심만 생길지 몰라요." "선생님이 아주 젊어서 아이들하고 소통이 잘 될 것 같아요." "아이들 기분을 잘 이해해 주고 재미있는 놀이를 많이 할 것 같아요."

이런 이야기들이 오고 가는 동안 교실에서는 아이들의 큰 대답 소리도 들려오고 간혹 깔깔거리는 소리도 들려왔다.

첫날 새 출발이 든든하다.

학교현장을 이해해 볼까요

이렇게 새 학년이 시작되는 첫날은 아이들도 긴장하지만 학부모도 마찬가지다. 저학년 학부모는 그 궁금함을 참지 못해 직접 학교에 온다. 직장 관계로 직접 오지 못하는 학부모들도 궁금한 것은 마찬가지다. 그런데 첫날은 새 담임과 아이들의 첫 만남이라 서로 좋은 인상을 남기는 것이 중요하다. 그래서 담임교사나 아이들이 주위 다른 일에 신경을 쓰게 하지 않는 것이 도와주는 것이다. 학부모가 복도에서 웅성거리는 것은 담임에게는 매우 실례가 되는 일이다. 아이를 교실에 들여보낸 후에는 가능한 한 교실에서 멀리 떨어진 운동장이나 다른 곳에 가서 기다리거나 이야기를 나누도록 해야 한다. 학교에 따라서는 교장 선생님이 이런 일에 대해 미리 주의를 준다거나 부탁하기도 한다. 그러나 부탁받기 전에 스스로 판단을 잘 해서 내 자녀에게 도움이 되는 쪽을 선택하는 학부모가 지혜로운 학부모다.

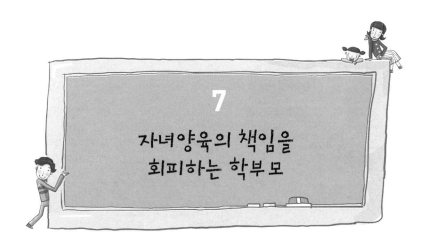

7
자녀양육의 책임을 회피하는 학부모

🎺 이런 일이 있었어요

4학년 남학생 영석이는 매우 영리한 아이다. 그런데 다른 친구들과의 사이에서 문제가 발생하면 혹시 자기에게 책임이 돌아올까 봐 교묘하게 말을 바꾼다. 친구들도 영석이가 거짓말을 잘한다고 여기저기서 항의가 자주 들어온다.

오늘도 3모둠 옆을 지나가다가 퍼즐 맞춰 놓은 것을 툭 건드리고 가는 것이 담임교사 눈에 띄었다. 애써 맞춰 놓은 퍼즐이 와르르 쏟아진 것을 본 진수는 속이 상해서 "야!" 하고 소리를 지른다. 그 소리를 들은 영석이는 시침을 떼고 "뭘?"하고는 그만이다.

보다 못해 담임이 불렀다.

"영석아, 미안하다고 말하고 주워 줄 수는 없을까?"

"선생님, 전 아무 일도 안 했는데요?"

7. 자녀양육의 책임을 회피하는 학부모　　57

"선생님이 다 봤어. 네가 툭 치고 가더라."

"아니에요. 제가 지나갈 때 그 퍼즐이 책상 밖으로 나와서 저는 밀어 넣어 주려고 했을 뿐이에요."

이런 일이 한두 번이 아니기 때문에 영석이 어머니에게 상담을 요청했다.

영석이 어머니는 담임교사를 찾아와서 영석이의 학교생활에 대해서는 들을 필요도 없다는 듯 당당한 자세다. 미리 방어벽을 치는 듯이 말이다. 그러면서 어느 집보다도 인성교육에 대해서는 부부가 함께 확실하게 지도한다고 강조한다. 그렇기 때문에 밖에 나가서 부모 망신 주는 행동은 절대로 안 할 거라고 자신 있게 말한다.

'그런데 어떡하나? 영석이는 거짓말을 자주 한다고 아이들의 항의가 많고, 담임이 보기에도 사실처럼 아주 잘 꾸며 넝큼넝큼 말하는데⋯⋯.'

✏️ 학부모 기분은 이렇지요

어느 학부모인들 자녀가 학교에서 인정과 칭찬받기를 마다하겠는가? 그런데 아이들이 자라는 과정에서는 부모의 바람대로 되지 않는 경우가 점점 늘어난다. 특히 자녀가 사춘기에 접어드는 4학년 후반부터는 부모를 속이는 일까지 간혹 생기기 시작한다. 친구관계가 더 중요하게 인식되기 시작하는 시기라서 그렇다. 철썩 같이 믿고 있던 아들이 거짓말을 한다는 것은 꿈에도 생각 못 할 일이다.

영석이 어머니도 마찬가지다. 엄격한 훈육에 의해 부모 앞에서는 절대로 어긋나는 행동을 하지 않았으니까. 이런 영석이를 거짓말하는 아이로 보다니, 순간 어처구니가 없었다.

'우리 영석이는 절대로 그럴 리가 없어. 담임이 오해를 한 거야. 왜 담임이 우리 영석이를 안 좋게 볼까? 혹시 내가 담임에게 아무런 감사 선물을 안 해서 그럴까? 아니야. 요즘은 오히려 그런 선물을 하는 학부모들이 우스운 꼴이 되는 세상이니 그건 내 오해일 테고……'

영석이 어머니는 일단 담임의 면담 요청에 상당히 기분이 나쁘다.

🏫 선생님 기분은 이렇지요

아무리 바빠도 영석이의 거짓말하는 습관을 고치기 위해서는 학부모 면담이 필요하다고 생각해서 요청을 했다. 다행히 시간을 내주셔서 면담이 쉽게 진행되나 보다 하고 생각했다.

담임은 먼저 영리한 영석이의 강점을 인정해 주고 나서 본론을 이야기하려고 준비했다. 본론은 '거짓말 하는 행동'이지만, 자녀의 나쁜 점을 들어서 기분 좋을 학부모는 없다는 것을 잘 알기 때문이다. 그런데 영석이 어머니는 미리 방어벽부터 치니 이런 학부모에게는 본론을 꺼내기가 쉽지 않다.

대개의 학부모들은 학부모 면담을 요청하면 혹시 자식이 무슨 문제라도 일으켰나 하는 생각으로 조심스럽게 담임을 찾아온다. 그래서 문제가 더 심각해지기 전에 예방도 하고 그에 맞는 지도도 해서 도움이 되는데, 영석이 어머니는 전혀 다르다. 가정에서 인성교육을 철저히 한다고 강조하면서 완벽한 부모임을 강조하니 영석이의 반복되는 거짓말 문제를 어떻게 꺼낼지 난감했다. 들을 귀를 열어 놓아야 진지하게 말을 꺼낼 수 있는데 말이다.

조심스럽게 "아이들이 영석이가 사실과 다른 말을 자주 한다는 항의가 거의 매일 들어와요."라고 말을 꺼냈는데, "선생님은 아이들 말을 확인도 안 해 보시고 다 믿나요?" 하고 힘을 주어 반문하는데 어이가 없었다.

거기다 "내 자식은 내가 지켜요."라고 한마디 덧붙였다.

순간 담임은 '내가 뭐하러 이렇게까지 문제행동 예방에 정성을 들이려 했을까?' 하는 생각이 스쳐갔다.

"아이들이 집 밖에서 무슨 행동을 할지 장담할 수 있는 부모는 없지요. 가정에서 인성교육을 잘 시키고 계시다니 앞으로도 기대하겠습니다." 하고 면담을 끝냈다.

이렇게 진실을 비켜가려 하니 '호미로 막을 일을 가래로 막게 될 일'을 당하게 되지는 않을까 걱정이 되었다.

📖 학부모는 이렇게 하고 싶어요 – 부정적 선택

사실 영석이 어머니는 담임의 면담 요청 때부터 기분이 나빴다. '공부나 잘 가르치면 됐지 왜 자꾸 오라 가라 하는 거야? 이번에는 가지만, 앞으로는 바쁘다고 말하고 가지 말아야지.'

이런 저런 생각을 하며 불만을 가지고 담임을 찾아왔다. 3학년 때까지는 담임을 만나면 영석이가 아주 똑똑하고 발표도 창의적인 내용으로 잘한다는 인정을 자주 들었다. 그런데 4학년이 되니 그런 인정은 없고 엉뚱하게 거짓말을 한다고?

'우리 영석이가 웬 거짓말?' 의아한 기분으로 오기 싫은 발걸음을 한 것이다.

'우리 가정이 인성교육을 얼마나 잘 시키는데, 담임인 당신이 오해를 한 것이야.'

담임을 만나면 인성교육은 가정에서 책임지고 잘할 테니 4학년부터 어려워진다는 공부만 열심히 가르쳐 달라고 말이나 하고 와야지 하는 기분으로 온 것이다.

❓ 이렇게 하면 어떨까요 – 긍정적 선택

정말 아이들은 밖에 내 놓으면 무슨 행동을 할지 모른다. 그래서 부모는 늘 마음이 조마조마하다. 영석이 어머니도 그렇게 믿었던 아들이 거짓말을 잘한다는 사실에 놀랐을 수도 있다. 그런데 조금만 마음을 바꾸면 다르게 생각할 수 있다.

'그렇게 집에서 철저하게 인성교육을 했는데도 부모의 눈을 벗어나니 이렇게 엉뚱한 일을 저지르는구나. 영석이가 왜 그랬을까? 이번 기회에 담임선생님과 진지하게 의논하고 어떻게 하면 정직

한 행동으로 바꿀 수 있을지 양육방식을 바꿔 봐야겠다.'

이렇게 생각하면 담임교사와의 면담이 잘 진행되어 영석이가 '영리함과 진실함'을 함께 갖춘 그야말로 실력과 인성이 겸비된 인격으로 성장하도록 함께 도울 수 있다.

'4학년이 되면 아이들이 달라지기 시작한다는데, 우리 담임선생님이 관찰도 잘해 주시고, 적기에 면담 요청을 잘해 주셨네. 영석이에게 도움이 되는구나.' 하고 부모와 교사가 함께 기분 좋은 결과도 기대할 수 있을 것이다.

🏫 학교현장을 이해해 볼까요

저학년 때는 부모가 하라는 대로 고분고분 말을 잘 듣던 아이들이 학년이 점점 올라가면서 자기 색깔을 드러내기 시작한다. 그 자기 색깔 중에 영석이처럼 거짓말을 하는 행동도 포함된다. 특히 집에서 억압을 받으며 자라는 아이들이 학교에 오면 돌출행동을 많이 한다. 학교에서 누리는 자유로움을 만끽하면서 상상 속에서 꾸며 대는 말이 바로 거짓말인 셈이다. 영석이처럼 머리가 좋은 아이들은 거짓말도 능수능란하게 잘한다.

학부모는 집에서 자녀에게 인성을 강조했다는 것만으로 안심하고 있으면 안 된다. 가정에서의 인성교육은 마땅히 중요하다. 영석이 부모가 합심해서 인성교육을 강조하는 것은 매우 바람직한 일이다. 요즘같이 바쁜 세상에 쉽지 않은 좋은 교육이다. 그런데 아이가 그것을 행동으로 옮기는 것은 바로 학교현장이다. 교실에서는 다양한 상황이 벌어지기 때문이다.

학부모가 더욱 관심을 가질 영역은 가정에서 익힌 인성의 내용을 학교에서는 어떻게 실천하고 있는지에 대해서다. 학부모와 교사가 일치된 견해를 가지고 있음을 알 때 중간에서 아이는 엉뚱한 행동을 자제하면서 바르게 성장할 수 있다.

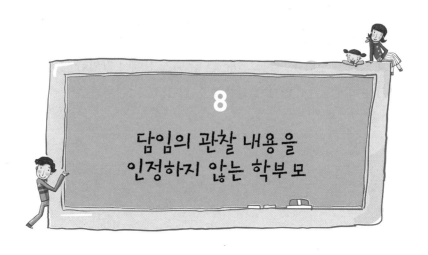

8

담임의 관찰 내용을 인정하지 않는 학부모

이런 일이 있었어요

3학년 미숙이는 학교생활에 안정적이지 않다.

심리적으로 불안한 듯, 늘 무언가를 계속 만지작거리거나 눈동자를 굴리며 눈치를 본다. 다른 아이들이 즐겁게 수업 활동에 참여할 때도 혼자서 그냥 무기력하게 앉아 있다.

담임교사는 혹시 내가 무서워서 그런가 하고 미숙이에게는 좀 더 친절하게 대하려고 노력한다. 가까이에 가서 다정하게 말을 걸기도 하고 복도에서 만나면 "미숙아!" 하고 웃으며 불러본다. 어느 정도 관심을 보이고 노력하면 대개의 아이들은 마음을 연다. 선생님에게 가까이 와서 붙임성 있게 굴기도 하고 선생님 심부름을 해드릴 것이 없느냐고 묻기도 한다. 이 정도 되면 아주 많이 변화를 한 것이다. 담임은 미숙에게서도 그런 모습을 기대했으나 아

무리 노력해도 변화가 없다. 시종일관 어두운 분위기에 겁을 먹고 있는 표정이 너무나 안쓰러웠다. 3학년 아이들에게서 나타나는 발랄함이나 귀여운 모습이 없이 늘 긴장하고 불안해하는 원인이 무엇인지 궁금하여 어머니에게 면담을 요청했다.

바쁘다던 미숙이 어머니가 시간을 내어 방문했다.

담임은 그동안 관찰했던 미숙이의 행동 특성에 대해 걱정되는 점을 말하면서 혹시 담임의 이해를 도울 만한 생활사건이 없었는지 조심스럽게 물어보았다. 미숙이 어머니는 한 마디로 잘라 말했다.

"집에서 아이를 너무나 편안하게 잘 기르고 있는데요? 집에서는 말썽도 부리지 않고 조용히 책만 읽으면서 아주 착한 딸인데, 그렇게 말씀하시니 좀 서운하군요."

✎ 학부모 기분은 이렇지요

'2학년 때 담임선생님은 아무 말이 없었는데, 왜 3학년 담임은

유난을 떨지? 1, 2학년 때 아무런 문제가 없었으면 3학년도 무난히 지낼 것이 아닌가?'

미숙이 어머니는 나름 정성껏 키운 딸이 무슨 심각한 문제가 있는 것처럼 생각하는 담임에게 서운한 마음이 든다.

'말썽을 하나도 피우지 않는 딸이 뭐가 어때서? 모든 아이들이 우리 미숙이만 하라지……'

아마도 담임교사가 과민반응을 하는 것 같은 생각에 별로 기분이 좋지 않았다.

🖼 선생님 기분은 이렇지요

3학년 아이들 행동 특성의 키워드는 발랄함과 귀여움이다. 그래서 그렇지 않은 아이들은 금방 눈에 뜨인다. 사실 미숙이처럼 수업 중에 방해행동도 하지 않고 가만히 있는 아이들은 성가시지는 않다. 말썽꾸러기들이 하도 많다 보니까 오히려 조용히 있는 아이들이 고마울 때도 있다. 하지만 3학년이면 그 아이들의 발달 특성이 나타나야 하는데, 미숙이는 그러기는 커녕 불안해하는 모습이 안쓰러워서 부모를 만나고 싶어 한 것이다. 그런데 미숙이 어머니의 반응은 의외다.

'어머니 말씀대로 집에서 편안하게 키우면 저런 행동 특성을 보일까? 무엇인가 아이가 쫓기는 것 같기도 하고 겁을 먹고 있는 것 같기도 한데, 마음대로 상담실에 보낼 수도 없고. 상담실에 보내려면 일단 부모의 동의를 얻어야 하는데……'

'저렇게 단호하게 말하다니 괜히 모른 척할 걸 그랬네. 고맙다는 말은 커녕 서운하다니, 참……'

미숙이 어머니 입장에서는 잘 키웠다고 생각하는 딸이 불안해한다는 게 이해가 안 갔다.

'아이가 좀 조용하고 내성적이어서 활발하지 않을 뿐이지 좋아하는 책도 잘 읽고 동생하고 싸우지도 않는 아이인데, 왜 이상하게 보지? 아무런 문제가 없는 우리 딸을 색안경을 끼고 보는 담임이 매우 기분 나쁘네.'

'상담실에 데려가더라도 내가 알아서 데려갈 것이니 참견하지 말라고 단호하게 말해야지.'

미숙이 어머니는 서운한 감정과 기분 나쁜 감정이 뒤섞여 불쾌했다.

❓ 이렇게 하면 어떨까요-긍정적 선택

미숙이 어머니가 담임으로부터 면담 요청을 받았을 때 마음이 편치 않을 것은 당연하다. 하지만 어머니라면 마음을 바꾸어 혹시 담임이 자신도 모르고 있는 점을 관찰한 것이 있는지 적극적으로 알아보아야 한다.

자녀에 대해 혹시 어머니가 모를 어떤 내용이 있을까 하는 마음으로 들을 준비를 하고 담임을 면담해야 한다. 아무 일도 아니라면 다행이지만 혹시라도 시기를 놓치면 안 되는 문제라면 나중에 후회할 일이 생길 수도 있다(오래전 일이다. 12월인데도 반팔을 입고 매우 활발하게 다니는 4학년 남학생이 있었다. 목이 마치 핸들을 두른 것처럼 목 주변이 굵어져서 병원에 가 보라고만 권유하고는 잊었다. 다음 해 2월이 되어 그 아이가 안 보이기에 담임에게 물어보니 안타깝게도 세상을 떠났다고 했다. 갑상선 관련 병이라고 했는데, 부모가 사느라고 바빠서 미처 아이에게 적기 치료를 못해 준 것이었다).

발랄함과 귀여움이 발달 키워드인 3학년 아이가 이렇게 불안하고 무기력하다면 혹시 양육방식에서 문제를 발견하거나 아니면 상담실을 찾아 심리치료를 받을 필요가 있을지 모른다.

🏫 학교현장을 이해해 볼까요

부모의 관찰은 한계가 있다. 한두 자녀만 키우면서 관찰하기 때문에 자녀를 객관적으로 보기 힘든 점이 있다. 그러나 담임교사는 20~30명의 아이들과 함께 생활하기 때문에 자연스럽게 아이들의 행동 특성을 비교하면서 관찰하게 된다. 그래서 그 학년의 발달 특성에서 벗어나는 아이들이 금방 눈에 띈다. 그렇다고 곧바로 학부모에게 상담이나 면담 요청을 하지는 않는다. 그만큼 여유 있고 한가하지 않기 때문이다. 그러다가 학부모의 도움이 꼭 필요하다고 판단되면 연락을 하게 된다.

요즘 담임교사들의 업무가 매우 많아서 공식 절차 외에 따로 학부모 상담을 위한 시간을 떼어 놓는다는 것이 쉽지 않은 일이다. 그럼에도 불구하고 상담을 요청하는 교사는 아이들에 대한 사랑이 지극하거나 교육애가 많은 사람이다. 면담 요청을 받으면 고맙게 받아들여야 할 이유가 거기에 있다. 오히려 그런 열성을 가진 교사가 점점 줄어들까 봐 염려되는 것이 요즘 현실이다.

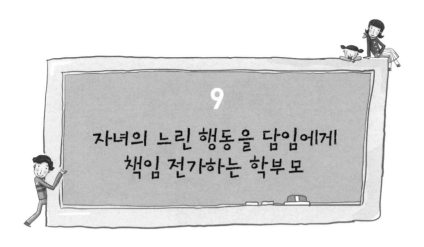

9
자녀의 느린 행동을 담임에게 책임 전가하는 학부모

4학년 지영이는 행동이 몹시 느리다. 5분이면 충분한 책가방 챙기기도 미적거리다가 꼭 엄마에게 한소리를 듣는다. 집에서만 느린 것이 아니다. 학교에서도 마찬가지다. 준비물을 꺼내는 것도 느리고, 알림장도 제일 늦게 적는다. 물론 급식 시간에도 제일 늦게 먹어서 급식 당번 아이들이 빨리 먹으라고, 너만 다 먹으면 급식차를 옮겨 놓을 수 있다고 늘 성화다.

다른 아이들은 빨리 서둘러야 할 분위기 같으면 후닥닥 행동으로 옮기는데, 지영이는 도대체 왜 그렇게 행동이 느린지 담임도 지영이를 통해 인내 훈련을 해야 할 판이다.

3월 셋째 주 학부모 총회가 있는 날이었다. 총회가 끝나고 지영이 어머니가 부탁할 일이 있다며 남아서 이야기를 꺼낸다.

엄마: 선생님, 선생님이 하나도 안 무서워서 우리 지영이가 행동이
　　　느린 거예요.

교사: 네?

엄마: 선생님이 좀 무섭게 해서 우리 지영이 느린 버릇 좀 고쳐 주
　　　세요. 벌써 4학년인데, 걱정이에요.

'농담하는 것도 아니고 왜 자기 딸 느린 것을 나에게 책임 전가
할까?'

　학부모 총회를 마치고 나면 다른 때 같으면 홀가분할 텐데 전혀
뒷맛이 개운치 않다.

✏️ 학부모 기분은 이렇지요

　지영이는 저학년 때도 행동이 느렸다. 느린 행동 때문에 집안에
서 언성이 높아질 때가 많았다. 그러면서도 한편으로는 좀 더 크

면 나아지겠지 하는 생각으로 그동안 견뎌 왔다.

이제 4학년이면 고학년의 시작이다. 학부모 총회에 참석하여 4학년의 변화에 대해 들으니 공부하는 내용도 어려워진다고 한다. 갑자기 마음이 초조해진다. 가뜩이나 공부하는 내용이 어려워지면 예습·복습 등 해야 할 일도 더 많을 텐데 딸이 점점 뒤처질 것을 생각하니 그렇다.

선생님을 보니 자상하긴 한데 별로 무서워 보이지 않는다. 학년이 올라갔으니 그리고 고학년이 시작되니 무서운 선생님을 만나길 바랐는데, 못마땅한 생각이 슬그머니 든다.

'새 학년이 시작된 지 몇 주가 지났으니 우리 지영이가 느린 것을 다 아셨을 테고, 좀 무섭게 해 달라고 부탁해야겠다.'

그런데 마음과는 달리 말이 잘 못 나왔다. 선생님은 마치 지영이 느린 것이 선생님 책임이라고 불만을 토로한 것으로 오해하신 것 같다.

📋 선생님 기분은 이렇지요

기껏 4학년의 발달 특성과 달라진 교과 수준 그리고 학부모 역할에 대해 설명했는데, 지영이 어머니의 말은 아무리 좋은 쪽으로 이해하려고 해도 기분이 나쁘다. 몇 주 동안 지영이의 느린 행동으로 그러잖아도 부담이 되었다. 전체 활동이 지연되어 모둠의 아이들도 불만이 많고, 담임도 스트레스가 되었다. 그런데 지영이 어머니는 어떻게 그런 말을 할 수 있을까?

'나는 지금 지영이를 맡은 지 겨우 2주가 지났을 뿐인데 갑자기 그런 버릇이 생겼단 말인가? 그리고 그것도 내가 무섭지 않아서 그

랬다고? 아마 내가 정말 무서웠으면 또 다른 이유를 말했을 걸?'

'아이들을 상대하는 교사가 아무 때나 무서운가? 무서우면 아이들이 두려워서 정서적으로 문제가 있게 된다는 것은 모르나?'

'도대체 아이가 문제가 있으면 뭐든지 선생님 책임이라고 말하는 이 학부모들을 어떻게 한단 말인가? 그동안 어떤 양육방식을 가지고 있었기에 그런지 자신을 돌아볼 일이지 그리고 담임에게는 협조와 이해를 구한다고 말할 일이지 책임이라니?'

학부모 총회를 마치고 이렇게 기분이 안 좋기는 교직 경력 10년 만에 처음이다.

📖 학부모는 이렇게 하고 싶어요–부정적 선택

학부모 총회에서 설명을 듣는 동안 내내 한편으로는 지영이 생각만 하고 있었다. 지영이의 느린 행동 때문이다. 남아서 선생님과 의논을 해야겠다고 생각하며 얼른 총회가 끝나기만을 바랐다. 다른 한편으로는 시어머니에 대한 원망의 마음도 가지고서.

지영이가 어렸을 때 지영이 어머니가 많이 아팠다. 그래서 지영이를 시댁에 자주 맡겼었는데, 오랜만에 집안에 생긴 아기가 귀엽다고 지영이는 온 관심과 사랑을 다 받고 자랐다. 문제는 그때 생긴 것 같다. 지영이가 스스로 할 수 있는 일도 누군가 나서서 대신해 주는 일이 거듭되다 보니 스스로 할 수 있는 일도 누가 해 줄 때까지 기다리는 것이다.

그것이 학교에 입학한 후부터 느림보라는 소리를 들을 정도로 문제가 된 것이다. 이런 저런 원망의 분위기에서 그만 선생님에게 하소연이라도 해야겠다고 생각한 것이 말이 잘 못 나오고 말았다.

'아차, 내 실수!'

깨달았을 때는 이미 엎질러진 물이었다.

❓ 이렇게 하면 어떨까요—긍정적 선택

고학년에 들어서니 지영이의 느린 행동이 갑자기 더 걱정이 되는 것은 이해가 간다. 그리고 왜 지영이가 이렇게 느린 아이가 되었나를 되돌아보니 어린 시절 자신이 많이 아팠던 사실, 지영이를 시댁에 맡겼을 때 시부모님의 양육방식을 자신이 어쩌지 못했던 사실 등이 떠올랐다. 선생님을 보니 매우 여유가 있고 마음이 너그러워 보였다. 그래서 마음속에 있던 말을 편하게 한다는 것이 그만 '선생님 책임'이란 부담 주는 말을 한 것이다.

이럴 때, 지영이 어머니가 세 번쯤 생각해 봤으면 어땠을까?

'꼭 오늘 선생님께 말씀드려야 할까?'

'어떻게 말하면 좋을까?'

'그렇게 말하는 것이 지영이에게 도움이 될까?'

말하기 전에 이 세 가지를 먼저 점검했다면 아마 이렇게 말하지 않았을까?

"선생님, 오늘 전달하신 말씀 잘 이해했습니다. 저도 1년 동안 이해한 대로 잘 협조하겠습니다. 그런데 우리 지영이가 너무 느려서 아마 선생님이 많이 힘드실 것입니다. 그래서 집에서도 자주 부딪힙니다. 지영이의 저 느린 행동을 어떻게 하면 바꿀 수 있을까요?"

3월 초 학부모 총회를 위해 교사들은 준비를 많이 한다. 처음으로 담임과 학부모가 대면하는 자리이기 때문에 좋은 인상을 주기 위해 외모에도 신경을 쓰지만, 더 중요한 것은 총회에서 전달할 내용이다.

교과 학습과 관련해서 교육과정의 특성에 대한 내용, 좋은 습관을 들이기 위해 특별히 중점을 두는 학급 생활규칙과 협조 사항 등 담임의 학급 운영의 방향에 대해 전달한다. 더불어 학부모 단체에서 활동할 학급 대표들도 선출해야 하기 때문에 주어진 시간은 짧고 할 말은 많다. 이 날의 분위기가 좋으면 교사는 안심을 한다.

'올 한 해, 아이들과 더불어 행복한 1년이 되었으면 좋겠는데 학부모님들의 분위기를 보니 이해도 잘하시고 도움이 될 듯하다.'

이해와 도움이란 다른 것이 아니다. 학급 운영의 방향을 이해하고 아이들이 선생님을 잘 따르도록 말로써 도와주는 것이다.

또 하나 교사들의 공통적인 특성은 책임감이 강하다는 것이다. 그래서 가르침이나 업무 수행과 관련하여 근무 시간 중에 다 못한 일은 집으로까지 싸들고 간다. 교사의 특성과 학부모 총회 때의 분위기를 미리 이해하면 지영이 어머니의 말은 분명 실수다. 아직 서로를 파악하지 못한 상황에서 농담을 주고받을 분위기도 아닌데, 오해를 받을 수 있는 말은 삼가야 한다.

10
부모가 할 일을 담임에게 미루는 학부모

 이런 일이 있었어요

5학년 민철이는 학년 초부터 수업태도가 안 좋았다.

대개의 아이들은 학년 초가 되면 달라진다. 우선 새롭고 낯선 환경에 긴장을 하고 선생님 말씀을 주의집중해서 잘 들으려고 한다.

그런데 민철이는 분위기 파악을 못하고 이전 학년에서 하던 버릇을 그대로 가지고 있다. 수업 중 잡담하기, 코 후벼서 짝꿍 책상 위에 문지르기, 교실에 늦게 들어오기, 숙제 안 해 오기 등 온통 꾸중 들을 행동만 골라서 하는 듯하다.

몇 번 타일렀어도 변화가 없어서 이번에는 선생님이 매우 엄격해졌다. 방과 후에 남겨서 개인상담을 하고 고칠 행동에 대해 강하게 지도했다. 그래도 고치지 않으면 벌칙을 받을 거라고 엄포를 놓았더니 조심하는 모습이 보여서 그때마다 칭찬을 했다. 그런데

며칠 지난 후 민철이가 지각을 두 번이나 하더니 어렵게 변화시킨 행동이 원 상태로 돌아간 것이다.

안 되겠다 싶어 학부모 면담을 요청했다. 민철이 때문에 학급 분위기가 안 좋아질 거라고 생각하니 하루라도 빨리 학부모의 협조를 받아야겠다고 판단한 것이다. 그런데 연락을 받고 교실로 온 민철이 어머니는 임신한 상태였다.

"선생님, 제가 자식이 현재 네 명인데 사정이 있어서 또 막내를 임신했습니다. 민철이 때문에 집에서도 스트레스가 많습니다. 학교에서의 일까지 제가 신경을 쓸 수가 없습니다. 선생님이 고쳐 주시든지 아니면 그냥 내버려 두시면 안 되겠습니까?"

담임은 어이가 없었으나 딱하기도 했다.

 학부모 기분은 이렇지요

민철이 어머니는 현재 네 명의 자녀를 키우느라고 매일 정신이 없다. 집안은 늘 엉망이고 민철이 아래로 4학년 민희, 1학년짜리 영철이, 두철이 쌍둥이가 있어서 민철이에게는 신경을 쓸 수도 없다. 둘째 아이 민희가 연년생으로 태어나서 사실 민철이를 잘 돌보지 못한 책임은 느끼고 있다. 그래서인지 민철이는 어리광을 자주 부리고, 관심 끌려고 그러는지 일부러 못된 행동을 하는 것처럼 생각되기도 한다. 이번 주에도 동생들을 좀 봐 달라고, 엄마 좀 도와달라고 민철에게 말했는데 들은 척도 안 했다. 오히려 동생들을 때리기 때문에, "그러려면 학교도 가지마!" 하고 소리쳤더니 고집을 부리고 늦게 가더니만 학교에서 말썽을 부렸나보다.

'가정환경 조사서를 보시면 알 텐데, 사정을 좀 이해해 주면 안 될까? 선생님이 자녀를 낳아 길러 보신 분인지 알 수 없으나, 아이들 넷을 기르는 처지를 이해해서 오라가라만 안 했으면 참 좋겠는데…….'

🏫 선생님 기분은 이렇지요

도대체 아이가 어떻게 저렇게 지저분한 행동을 하게 길렀을까? 늦게 등교하는 것은 부모가 알고나 있는지, 코를 파서 더럽히는 버릇도 알고 있는지, 숙제는 왜 안 봐 주는지, 학년 초부터 지적받는 행동이 한두 가지가 아니다. 알림장에 학부모 확인 사인도 늘 비어 있다. 무관심하게 버려진 아이처럼…….

'학부모 총회도 하기 전에 이렇게 면담을 요청하는 경우는 극히 드문 일인데 혹시 오해나 하지 않을까 모르겠네.'

학기 초 생활지도를 하면서 다른 아이들에게 방해가 될까 봐 민철이의 안 좋은 버릇을 며칠 단단하게 혼냈다. 그랬더니 겨우 고

처지나 했는데……. '무슨 일이 있길래 두 번씩이나 지각을 하게 했을까? 손뼉도 마주쳐야 소리가 나지, 나 혼자 애써봐야 소용이 없고 힘만 빠지네…….'

📖 학부모는 이렇게 하고 싶어요–부정적 선택

민철이 어머니는 하루가 어떻게 가는지 정신이 없다. 민철이가 철이 들어 엄마를 좀 도와주기를 바라지만, 기대만 할 뿐이다. 이렇게 힘든 상황을 담임이 좀 이해를 해 주면 좋겠다. 그런데 민철이가 또 무슨 말썽을 부렸길래 담임이 면담 요청을 했을까? 어쨌든 한 번은 가서 담임에게 우리 집 사정을 말하고 도와달라고 부탁하고 와야겠다고 마음을 먹었다. 그리고서는 담임 앞에 가서 담임이 듣기에 어이없는 말이 툭 튀어나온 것이다.

❓ 이렇게 하면 어떨까요–긍정적 선택

'잘 됐다. 아이들이 버글거리다 보니 민철이에게는 전혀 신경을 못 썼는데, 무서운 선생님인가 보네. 민철이에게는 아주 잘 된 일이네. 아들의 버릇을 이번 기회에 확실하게 바꾸도록 선생님께 매달려야겠다.'

이렇게 생각하고 와서 집안사정을 이야기하면 선생님도 매우 딱하게 생각할 것이다.

다둥이 가정에 대한 돌봄 서비스나 학교 내의 돌봄 교실도 함께 알아볼 수 있을지 모른다. 민철이의 버릇은 담임이 알아서 고치도록 할 테니 가정에서는 지각하지 않기, 숙제를 꼭 하기, 이 두 가지만 확인해 달라니 마음이 한결 가벼워질 것이다. 도대체 어디서부터 어떻게 신경을 써야 이 아이가 제구실을 할까 하면서 거의 포기할 뻔한 민철이 어머니로서는 좋은 기회가 온 것이다.

'될 대로 되라는 심정이었었는데 아주 좋은 선생님을 만났네. 희망이 보이는구나.'

집으로 오는 민철이 어머니의 발걸음이 한결 가벼웠다.

'오늘 저녁에는 삼겹살 파티를 해야겠다. 민철이가 아주 좋아하는데……'

🏫 학교현장을 이해해 볼까요

가정통신문에 가족사항을 모두 기록했더라도 이렇게 특별한 상황은 담임선생님에게 직접 또는 전화로 자세히 알리는 것이 도움이 된다. 교사 역시 가정이 있고, 자녀를 기른다. 딱한 사정을 알고 나면 어떻게 하면 도움이 될 수 있을까 궁리하게 된다.

혹시 아이의 문제가 너무 심각해서 담임에게 그러한 사정을 말하기 곤란하다고 말을 안 하거나 적당히 얼버무리는 것은 아이에게 도움이 안 된다. 교사는 아이들을 바로 세워 꿈을 이루고 행복한 삶을 살도록 하는 사명을 가진 이들이다. 아이의 잘못 형성된 습관을 포기하지 않고 민철이 담임처럼 끈질기게 지도하는 선생님을 만나는 것은 복된 일이다.

자신의 처지나 입장을 절대로 부끄러워하지 말고 용기를 내어 담임교사와 상담을 하자. 해결 방법을 적극적으로 찾아보자. 이것이 진정으로 아이를 위한 길이고, 학부모의 책임을 다하는 일이다.

11
사춘기 자녀의 행동지도를
포기한 학부모

이런 일이 있었어요

　민영이는 행동이 튀고 반항적인 여학생이다. 6학년인데, 사사건
건 선생님의 지도를 따르지 않는다. 수업 자세가 바르지 않아서 똑
바로 앉으라고 하면 "싫은데요." 하고, "여러분은 초등학교에서 최
고 학년이죠?" 하면 '아닌데요. 그냥 6학년인데요?"라고 딴지를
건다. 수시로 빗을 꺼내어 머리를 빗거나 거울을 보며 수업에 집중
을 안 해서 주의를 주면 입을 삐죽이며 귀찮다는 표정을 짓는다.

　쉬는 시간에는 끼리끼리 몰려 화장실에 가서 새로 산 화장품을
꺼내 구경하거나 다른 반 아이들 이야기로 수다꽃을 피우다 늦게
교실로 들어온다. 이런 행동이나 태도를 편하게 넘기기 힘든 담임
교사는 어머니와 상담을 해야겠다고 생각해서 집으로 전화를 했
다. 집에서는 어떻게 하는지도 물어보고 학교에서 하는 몇몇 행동

이나 태도들이 걱정되기도 한다는 내용으로 대충 상담할 필요성에 대해 말했다.

그런데 어머니의 반응이 의외였다.

"선생님이 전문가인데 어린 아이 하나 못 다루세요? 저는 이제 할 만큼 다 했어요."

민망하기도 하고 황당하기도 한 담임교사는 전화한 것을 곧 후회했으나 그렇다고 아이를 내버려둘 수는 없고, 답답하기만 했다.

🖋 학부모 기분은 이렇지요

민영이가 4학년 후반부터 슬슬 이상해지더니 6학년이 되어서는 노골적으로 화장품을 사 달라고 하며, 옷도 학생답지 않게 입는다. 첫날은 미니스커트에 얇은 스타킹까지 신고 갔다. 첫날이니 오늘만큼은 안 된다고 해도 내 마음이니 참견 말라고 엄마인 나를 핀잔했다. 아빠를 비롯해 주위 친척들에게 용돈을 뜯어내는 수완도 보통이 아니다. 그 돈으로 몰래 옷을 사러 다닌다. 걸그룹처럼 현란한 옷도 사 입고, 머리에는 부분 염색까지 했다.

5학년 때 선생님도 민영이에게 나타나는 변화가 지나치다고 걱정했었다. 그런데 6학년이 되니 노골적으로 자기 표현을 하는데, 아무리 말해도 듣지 않아서 집안의 별종이라고 생각하며 포기한 상태였다.

엄마로서 민영이만 생각하면 늘 가슴에 돌덩어리를 얹은 듯 답답하던 차에 담임선생님의 전화를 받고 나니 이상하게 더 짜증이 났다. 상담을 요청하는 담임선생님에게 전문가 운운하고 나니 좀 미안한 마음이 들기도 했으나, 사실 선생님이 제발 좀 말려 줬으면 하는 간절한 바람이 마음 밑바닥에서 올라오는 것을 부인할 수 없었다.

🖼 선생님 기분은 이렇지요

선생님의 지시를 따르지 않는 아이들이 점점 늘어가는 6학년이다. 올해는 유난히 외모에 신경 쓰는 아이들이 눈에 띈다. 그 아이들을 초반에 잘 다스리지 않으면 학급 전체가 물드는 것은 금방이다. 그래서 담임선생님은 학급 분위기를 흐트리는 태도나 행동에 대해서는 엄격하게 통제를 한다. 왜냐하면 그동안의 경험에서 볼 때 초기에 이런 분위기를 바로 잡지 않으면 거침없이 무질서해지는 것은 순간의 일이기 때문이다. 그렇게 되면 6학년은 매우 다루기 힘들어진다. 서로 대치되는 힘이 교실 안에 작용하면서 교사의 지시가 튕겨져 나오고, 여학생들의 냉소적인 태도, 남학생들의 막 나가는 거친 행동으로 난장판 같은 느낌이 들 정도다.

이런 상황을 아는지 모르는지, 함께 협조해야 할 학부모가 전문가 운운하며 알아서 하라고만 한다. 이런 경우가 있을 수 있을까? 기분 나쁘다고 모른 척할 수도 없고, 학부모의 협조는 꼭 필요하고, 참 난감하다.

📖 학부모는 이렇게 하고 싶어요-부정적 선택

사춘기 여학생의 비위를 맞추기는 여간 어려운 일이 아니다. 더욱이 4학년 때부터 이런 조짐을 보인 딸과 그동안 얼마나 실랑이를 했을지 짐작이 간다. 6학년이 되니 이젠 최고 학년이라며 더 요란을 피우는데, 엄마 말은 거의 무시하니 포기하다시피 한 상태다. 저러다 기분을 건드려 완전히 빗나갈까 봐 가능한 한 부딪히지 않으려는 것이 요즘의 목표다. 완전 살얼음 판이다.

머리가 지끈지끈 아픈데, 담임이라며 딸의 그 부분에 대해 또 건드린다. 담임은 다짜고짜 민영이가 걱정된다는 말부터 하니 속으로 짜증이 났다.

그래서 '전문가니까 잘 해 보시지.' 하는 얼토당토않은 말이 튀어나왔다.

'어이쿠! 이게 다 저 딸년 때문이야! 딸이 아니라 원수덩어리야!'

❓ 이렇게 하면 어떨까요-긍정적 선택

사춘기 자녀가 속을 썩이기 시작할 때 부모는 힘들어진다. 그 전까지는 부모의 말을 고분고분 잘 듣던 아이가 반항하고 대들거나 입을 다물고 방문도 걸어 잠그니, 뒤에 남은 부모는 소외감, 거절감, 배반감 등으로 부모(특히 민감한 엄마일수록)도 심리적으로 불안해진다.

이때는 부모가 새롭게 눈을 떠야 하는 시기다. 청소년 심리에 대한 책을 찾아 읽거나 강의를 들으러 다니면서 다른 선배들이 그 시기를 어떻게 겪었는지 귀담아 듣고 스트레스를 풀어야 한다. 그렇게 하면 사춘기에 접어든 자녀가 비록 좀 요란하기는 하지만, 매우 건강한 발달을 하고 있음을 인정하게 된다. 그리고 그 시기에 알맞은 부모 역할을 하면서 부모-자녀 관계를 비교적 정서적으로 편하게 유지할 수 있다.

그리고 민영이의 어머니는 마음의 여유가 없어서 딸의 이야기를 담임이 꺼냈을 때 민감하게 반응했으나, 만일 사춘기에 대한 이해를 바탕으로 다음과 같이 말했다면 이야기는 달라진다.

"아유, 선생님. 저도 늘 그 부분에서 딸과 다툰답니다. 전 이제 두 손 두 발 다 들었는데, 선생님이 오죽하면 전화를 했겠어요. 감사합니다. 선생님의 고견을 들으러 달려가겠습니다."

이렇게 반응했다면 선생님 기분도 좋고, 어머니도 함께 고민하고 의견을 나누게 되어 기분이 한결 좋아지지 않았을까!

🏫 학교현장을 이해해 볼까요

6학년은 초등학생이라고 보기에는 너무 발육도 빠르고 행동도 어린이답지 않다. 학교에서도 6학년 생활지도나 생활교육이 힘들어서 대개의 교사들이 담임 맡기를 기피하는 학년이다. 궁여지책으로 6학년 담임에게는 담임 업무 외에 다른 학교 업무를 맡기지 않고 교과 시간도 많이 배정해 준다. 이제 차츰 6학년 담임을 희망하는 교사가 늘어가고 있는 것은 그러한 배려가 긍정적인 효과가 있음을 반증하는 것이다.

6학년의 생활지도가 특히 중요한 것은 깨진 유리창의 법칙을 생각하면 쉽게 이해가 갈 것이다. 여학생의 경우, 뒷담화하기, 담임 안티카페 만들기, 파벌 만들기, 집단따돌림하기, 왕따 만들기 등을 지도하기가 힘들다. 남학생의 경우, 금품갈취, 온라인 게임 하며 돈거래하기, 다른 학교와 패싸움하기 등을 한다. 이런 행동들을 아예 조기에 발견하느냐 아니면 곪아 터지도록 발견을 못하고 문제를 방치했느냐에 따라 1년 동안 학급 운영의 성패가 판가름 난다. 이런 일들은 담임 몰래 물밑 작업으로 교묘하게 이루어지는 일이므로, 6학년 담임은 더욱 민감해질 수밖에 없다. 이런 현상을 조기에 발견해야 학급을 안정시킬 수 있기 때문이다. 중간에 무너지기 시작하면 걷잡을 수 없다. 어떤 학교는 6학년 담임을 네 번이나 바꾸기도 하고 졸업을 며칠 앞둔 2월에 도저히 담임을 못 하겠다고 해서 학년 마무리를 끝내 강사가 맡았던 경우까지 있다. 졸업식까지도 강사가 맡았음은 물론이다. 6학년은 이렇게 힘든 학년이다.

12
자기 자녀를 잘 모르는 학부모

지연이는 6학년 여학생이다. 위로 군대 간 큰 오빠가 있고, 올해 대학생이 된 언니가 있다. 지연이는 늦둥이로 태어나 이제 6학년 이다. 그러다보니 집안에서 온통 귀염과 사랑을 독차지하고 있다. 그런데 학교생활은 6학년이라고 하기에는 많이 부족한 점이 있 다. 매사가 느려서 주어진 시간 안에 과제를 끝내지 못하니까 모 둠에서 항의가 많다. 집에서 해야 하는 가정학습도 거의 안 해오 고 제 또래 아이들과도 잘 어울리지 못한다. 생각도 행동도 어리 다고 친구들이 제쳐놓는 경우가 많다.

이렇게 지내다가는 지연이의 친구관계가 걱정되어 발달단계에 어울리는 사회성, 인지능력 등을 향상시킬 필요를 느낀 담임이 지 연이 어머니에게 면담을 요청했다.

학교에 온 어머니는 지연이는 가족의 귀염둥이로서 온갖 사랑을 받으며 잘 크고 있으니 아무 문제가 없을 거라는 생각을 전달했다. 그러면서 오히려 사회성, 인지능력 발달 등에 대해 그렇게 꼬집어 말하는 담임이 불쾌하다는 인상을 주고 돌아갔다.

✎ 학부모 기분은 이렇지요

지연이가 없었으면 얼마나 집이 삭막했을까 하는 생각을 하며 허전한 50대를 그나마 기쁘게 지내고 있는 것을 다행이라고 여기고 있는 지연이 어머니다.

'이렇게 사랑스러운 지연이가, 뭐 사회성 발달이 늦다고? 그리고 책도 잘 읽고 대화도 잘되는데, 뭐 인지능력이 떨어진다고?'

생각하기만 해도 담임의 지적이 마음에 들지 않는다.

'담임은 아무 문제없는 우리 딸을 왜 이런 시각으로 볼까? 다른 생각이 있는 것은 아닌가? 인상을 보면 전혀 그런 것 같지는 않은데……. 아무튼 내가 보기에는 우리 지연이에게 전혀 문제될 일은

없으니 그런 시각으로 보지 말라고 확실히 말해야겠다.'

그러고는 "선생님은 그런 시각으로 보실지 몰라도 집에서는 전혀 그렇지 않으니까 지나친 관심은 갖지 않으셔도 됩니다. 오히려 부담이 되네요."라고 말해 버렸다.

🖼 선생님 기분은 이렇지요

지연이는 학년 초부터 모습은 매우 귀여운데 하는 짓은 어리광이 철철 넘치고 있었다. 개인으로 볼 때는 무척 사랑스럽지만, 행동이 느려서 전체 분위기를 잘 못 따라오고, 말도 어린아이처럼 해서 가끔 친구들 사이에서는 놀림의 대상이 되는 것이 안타깝다.

부모님은 혹시 이런 지연이의 학교생활에 대해 잘 알고 계시는지 궁금해서 면담을 요청했다. 전달하려고 했던 생각은 다음 세 가지다.

- 무조건 귀엽게만 볼 것이 아니라 친구들의 발달 수준과 어울릴 수 있도록 책임과 한계를 설정해 주고 지키도록 하는 가정 분위기를 만들어 주실 것
- 동화책을 읽는 수준을 좀 올려서 사춘기를 대비하는 성장소설이나 수준 있는 동화책을 골라 주실 것(친구들과의 대화를 맞추기 위해)
- 가정학습에 관심을 갖고 과제를 꼭 해 오도록 지도해 주실 것

그런데 이런 내용은 들으려고도 안 하고 담임의 지적을 부담스럽다고 말하니 어이가 없다.

'뭐 하러 내가 이런 데까지 신경을 쓰면서 사나! 내버려 두자!'
하지만 담임 마음은 편치가 않다.

📖 학부모는 이렇게 하고 싶어요–부정적 선택

집에서는 사랑스럽기만 하고 아무 문제없이 잘 자라는 지연이가 학교에서는 활동하는 것이 늦다며 뭔가 부족함이 있는 것으로 바라보는 담임이 기분 나쁘다. 작년 담임은 아무 말이 없었는데, 왜 이번 담임은 유난스럽게 굴까? 담임이 요청하니 할 수 없이 학교에 가기는 하지만, 이번 기회에 아예 우리 지연이를 그런 시각으로 보지 않도록 한마디 하고 와야겠다. 가만히 보니까 나이도 어린 것 같던데……. 이러한 생각을 하고 있으니 말도 다음과 같이 나왔다.

"선생님은 그런 시각으로 보실지 몰라도 집에서는 전혀 아니니까 지나친 관심은 갖지 않으셔도 됩니다. 오히려 부담이 되네요."

사실은 더 강하게 말하고 싶은 것을 참았다.

"무슨 참견이에요. 우리 아이 잘 자라고 있으니 쓸데없는 참견 마세요."라고.

❓ 이렇게 하면 어떨까요–긍정적 선택

'아무런 문제없어 보이는 우리 딸이 아마 전체 아이들을 놓고 볼 때는 좀 뒤처지는 것이 있나? 작년까지는 그런 말씀이 없으셨는데, 이번 담임선생님은 꽤 꼼꼼하신 것 같네. 고슴도치도 자기 자식이 예쁘다고 하는데 어느 부모인들 자기 자녀가 예쁘고 사랑스럽지 않은 부모가 있을까만, 6학년은 중학생이 되는 준비를 해야 하는 시기이니 아마 더 관심을 많이 가지시는가 보네. 문제 있다는 것에 쉽게 동의할 수는 없지만, 일단 선생님을 만나보면 뭔가 이야기가 있지 않을까?' 하는 생각으로 담임교사를 찾아갔다.

담임의 이야기를 듣고 보니 올해는 초등학생 마무리 학년이라 중학생이 될 준비도 아울러 해야 하니 지연이에게 자율성과 책임감을 좀 더 길러 주라 하신다. 옳은 말씀이다. 미처 생각하지 못한 것을 잘 짚어 주셨네.

이제부터 예쁘다고만 하지 말고 숙제를 다 했는지, 준비물을 스스로 챙겼는지 등에 대해서만이라도 확인을 해야겠다. 새삼 이렇게까지 신경을 써 주시는 담임선생님에게 고맙다는 생각이 든다.

🏫 학교현장을 이해해 볼까요

20~30명과 한 공간에서 생활하다 보면 특별히 눈에 띄는 아이들이 있다. 부모는 늘 자녀 한 명만 바라보지만, 교사는 여러 명을 동시에 바라보게 되니 자연스럽게 비교가 된다. 즉, 부모는 주관적으로 보고 교사는 객관적으로 본다는 말이다. 주관적으로 보게 되면 자기 자녀를 잘 모르는 실수를 할 수 있다.

수업 준비와 여러 가지 행사로 바쁘다보면 특별히 건강상의 문제나 위기가 아니면 그냥 지나치기도 한다. 교사들의 일상이 워낙 바빠서 그렇다. 아이들을 관찰하다가 정상분포 곡선에서 양옆으로 심하게 비껴나간 경우에는 좀 더 다양한 측면에서 자세히 관찰하다가 부모 면담을 요청하게 된다. 이렇게 연락을 하고 상담 시간까지 할애하는 교사는 매우 정성과 성의가 있는 교사다. 부모가 자녀를 진정으로 위한다면 이런 요청에 고마운 마음으로 응하는 것이 아이를 위해 함께 노력하는 길이다.

13
자녀의 학습부진에 태연한 학부모

이런 일이 있었어요

　3학년 성현이 어머니는 아이에 대한 믿음이 지나쳐서 아이에게 도움이 안 되는 학부모다. 학년 초 아이의 진단평가 결과는 국어 42점, 수학 36점이었다. 기초학습부진 반에 들도록 해서 학습부진을 끌어올릴 요량으로 담임교사는 어머니에게 상담 요청을 했다. 그런데 어머니의 반응은 의외였다.

엄마: 그런 반에 우리 성현이를 넣고 싶지 않아요. 집에서는 아무런 문제가 없으니 앞으로 잘할 거라 믿어요.

담임: 학습부진은 단순히 그런 차원이 아니에요. 지금 회복하지 않으면 앞으로는 점점 더 학습부진이 쌓이게 돼요. 성현이를 도울 수 있는 기회입니다.

"왜 우리 성현이를 안 예뻐하시나요?"

> 엄마: 선생님, 우리 성현이는 선생님을 좋아하는데 왜 우리 아이를 그
> 만큼 안 예뻐하시나요? 착하고 예의 바른데요…….

성현이 어머니는 지금 대화의 핵심 주제를 비켜 가고 있다. 엉뚱한 주제로 아이를 도울 기회를 놓치고 있어서 담임으로서는 안타깝다.

✏️ 학부모 기분은 이렇지요

성현이 어머니는 아이를 그저 착하고 예의 바른 것으로 만족하고 지낸다. 공부는 다 때가 있는 것이어서 나중에 철이 들면 다 하게 된다는 생각을 갖고 있다. 학습부진이 어떤 심각한 문제를 내포하고 있는지 모르는 성현이 어머니는 개별 면담을 요청받은 것만으로 오해를 한다.

성현이에게 무슨 문제가 있다는 것으로만 받아들여서 기분이

별로 안 좋은 것이다. 그래서 성현이에게 있는 좋은 점, 즉 착하고 예의 바르다는 것만 강조하는 것이다.

'아이는 착하고 예의 바르면 잘 키운 것이라고 생각하는데……. 요즘 아이들이 동네에서 얼마나 욕을 많이 하고 거친 행동을 많이 하는데, 우리 성현이는 절대로 그런 아이들과 어울리지도 않고 부모 말을 얼마나 고분고분 잘 듣는데, 선생님은 왜 그렇게 말하시지?'

성현이 어머니는 담임교사의 권면을 섭섭하게 받아들인다.

🖼 선생님 기분은 이렇지요

진단평가 결과를 가지고 성현이에게 도움이 되게 하기 위해 면담을 요청했는데, 담임교사는 안 하니만 못하다는 기분이 들었다.

'3학년인 지금 기초학력을 끌어올리지 않으면 4학년부터는 학습 내용이 많이 어려워져 더 따라가기도 힘들 텐데, 이런 좋은 기회를 왜 거절할까?'

성현이 어머니가 진정으로 자식을 생각한다면, 오히려 그런 제도가 있는 것을 다행으로 여기고 자녀에게 도움되기를 원한다며 적극적으로 나서야 할 판인데, 엉뚱한 말만 하는 것이 의외다.

교사는 학습부진, 즉 실력 쪽을 말하는 것인데, 학부모는 착하고 예의 바름, 즉 인성 쪽을 말하고 있다. 지금 의사소통의 핵심 주제가 엇나가고 소통이 안 되고 있다. 성현이 어머니가 핵심 주제에 대해 이야기하기를 거부하니, 교사는 더 이상 강조할 수가 없다.

답답함을 가지고 있다가 성현이 어머니를 보내고 나니, '아, 성현이 어머니가 상대방의 말뜻을 잘 못 알아들으시는데 성현이도 아마 그런 점을 닮았는가 보다. 평소 학습 내용을 설명할 때 이해력이 떨어져서 학습부진이 누적되었구나.' 하고 성현이의 학습부진을 이해했다. 하지만 성현이를 위한 권면을 거부한 학부모가 내심 찜찜하고 안타까웠다.

📖 학부모는 이렇게 하고 싶어요-부정적 선택

기초학습부진이 발견되면 즉시 보충학습을 하거나 학습부진의 원인을 밝혀서 치료를 받아야 한다. 이것은 기분의 문제가 아닌 것이다. 그런데 성현이 어머니는 '아무 문제가 없는 아이'라고 강조하며 교사의 권면을 곡해한다. 더욱이 아들은 선생님을 좋아하는데 왜 선생님은 아들을 안 좋은 쪽으로 보느냐고 하니 그야말로 황당한 논리다.

그래서 조기에 발견하여 도움을 받을 수 있는 좋은 기회를 거부한다. 결국 성현이 어머니의 이런 선택은 성현이의 학습부진을 더욱 심각하게 만들 뿐이다.

❓ 이렇게 하면 어떨까요-긍정적 선택

담임의 권면을 들을 때 순간적으로 기분은 좀 언짢겠지만, 생각을 바꾸면 얼마나 좋을까?

'놀라운 일이네. 집에서는 아무런 문제가 없어 보이는데……. 하긴 진단평가 점수가 모두 50점 이하이니 성적은 많이 떨어지는구나. 지금 이런 권면을 하시는 선생님도 우리 성현이에게 도움이 되라고 하시는 말이겠지.'

"선생님, 저는 아이가 점점 크면서 괜찮아질 거라고 생각을 했어요. 그런데 아닌가 봐요. 부모로서 속상하긴 하지만 잘할 수 있다면야 뭐든지 하겠습니다. 선생님만 믿겠습니다."

이렇게 할 때 담임교사는 성현이에게 더 정성과 관심을 쏟으며 빨리 학습부진에서 벗어나도록 여러 가지 지원을 할 수 있다.

🎵 학교현장을 이해해 볼까요

「아동낙오방지법」에 따른 국가정책으로 단 한 명의 아동도 낙오자가 없도록 하려는 취지에서 단위 학교에서의 학습부진 아동에 대한 지도가 점점 강화되고 있다. 저학년에서는 기초학습(3R's, 즉 읽기, 쓰기, 셈하기)을 책임지도하도록 강조하고, 3학년 대상으로는 기초학습 능력 진단평가를 실시한다. 평가의 결과에 따라 학습부진 누적의 원인을 차단하고 예방하기 위해 지도를 강화하고 있다.

정부에서는 단위 학교에서 학습부진 아동을 위한 전담강사를 고용해서 따로 지도할 정도로 예산을 지원하고 있다. 학생은 무엇보다 학습 분야에서 뒤처지지 말아야 자존감에 손상을 입지 않는다. 그러기에 저학년 때 학습부진의 원인을 조기 발견하여 도움을 받고 학습 분야에서 뒤처지지 않도록 세심하게 돌보아야 한다. 성현이 어머니처럼 반응하게 되면 아이도 힘들어지고 결국 부모도 그 때문에 힘들어진다.

서울시교육청의 경우, 꿀맛닷컴(http://www.kkulmat.com), 서울교수학습지원센터(http://www.ssem.or.kr/)에서 필요한 자료를 제공해 준다. 한국교육과정평가원의 기초학력향상지원 사이트는 기초학력을 증진하기 위한 지도자료, 평가자료, 학습부진 진단자료 등 각종 도움 자료를 준비하여 보급하고 있다.

14

작년 담임을 험구하는 학부모

이런 일이 있었어요

새 학년이 시작된 지 한 달 정도 지났다. 내일 수업 준비를 위해 교과서를 살펴보고 있는데, 민수 어머니가 아무런 연락도 없이 교실을 방문했다. 도서실 책 정리 봉사활동을 마친 후 잠깐 들렀다는 것이다. 요즘 민수의 학교생활이 어떤가를 시작으로 집에서의 생활, 친구관계 등 일상적인 이야기를 나누었다. 다행히 민수가 학교생활을 매우 재미있게 한다는 이야기를 해서 담임도 기분이 좋았다.

그런데 말하는 중에 듣기 불편한 내용이 있었다. 바로 작년 담임교사에 대한 이야기였다. 아이들에게 자상하지 못해서 친구들이 싸워도 화해시켜 주지 않았다거나 진도가 다른 반보다 늘 많이 뒤쳐졌다고 한다. 거기다 민수가 부당한 대우를 받아서 토론대회

에서 반 대표로 나가지 못했었다는 불평을 쏟아놓았다. 그러면서 5학년 때는 담임을 잘 만나서 그런 일은 없을 것 같다는 말까지 덧붙였다. 전 담임에 대한 험구를 계속 듣고 있자니 불편해서 중간에 말을 끊어 얼른 말을 바꾸었다.

"민수 어머니, 우리 민수 이야기를 더 나누었으면 좋겠어요. 민수는 방과 후에 시간을 어떻게 보내나요?"

✏️ 학부모 기분은 이렇지요

민수 어머니는 학부모 단체의 일도 열심히 한다. 그래서 가끔 교실도 편하게 드나드는 편이다. 그러다보니 다른 학부모들에 비해 담임교사가 별로 어렵게 느껴지지 않는다. 다른 학부모들은 민수 어머니가 담임과 가까이 지낸다고 생각하여 학교에만 갔다 오면 무슨 새로운 정보라도 얻을까 해서 민수네 집에 자주 모인다. 민수 어머니는 아무런 정보가 없어도 괜히 으쓱한 기분이 들어 어떤 때는 과장하기도 하고, 어떤 때는 사실이 아닌 일도 사실처럼 슬쩍 흘리기도 한다. 하지만 담임이 왠지 거리를 두는 듯이 느껴져서 가까이 가기가 어려운 것이 불편하다.

오늘도 도서관 일을 마친 후 교실에 들러 이런 저런 이야기 끝에 전학년도에 섭섭했던 이야기를 꺼냈는데, 아니나 다를까 담임이 중간에 말을 끊어버렸다. 민망하기도 하고 자기가 마치 남의 흉이나 보고 다니는 사람으로 오해할까 봐 기분이 별로 안 좋다. '담임과 가까이 지내고 싶어서 작년 담임에 대한 불만을 꺼낸 것인데 내가 실수했나?'

선생님 기분은 이렇지요

민수 어머니가 학교 일을 열심히 해 주는 것은 매우 고맙다. 학교가 제 기능을 하기 위해서는 교사가 해야 하는 역할도 있지만, 학부모가 파트너 의식을 갖고 봉사해 줘야 하는 영역이 있다. 학급 구성이나 학부모 분위기에 따라 학교 내의 봉사활동에 적극적인 참여를 해 줄 때도 있고, 어떤 해는 아무도 관심이 없어서 학부모의 무관심이 교사의 사기를 떨어뜨리기도 한다.

민수 어머니는 적극적인 참여로 학급 체면을 살려 주는 역할을 하는 셈이어서 고맙게 생각하고 있었다.

'작년 담임에 대한 험구를 내게 와서 하는 까닭이 뭐지? 분명 작년에는 그러한 불만을 직접 교사에게 말하지는 않았겠지. 그럼 이 분은 여기저기 다니면서 학교나 교사에 대한 부정적인 표현을 하는 것이 아닐까? 내년이 되면 또 나에 대한 불만을 새 담임에게 하겠지?'

'사실이 아닐 수도 있는 오해의 내용을 자기 기분에 따라 이렇

게 표현하다니……. 학부모로서는 기본 교양이 부족하구나. 이 분과 대화할 때는 매우 조심해야겠다.'

📖 학부모는 이렇게 하고 싶어요—부정적 선택

민수 어머니는 새 담임과 아직 신뢰관계가 형성이 안 된 상태다. 학교에 자주 드나들다보면 교사들과도 자주 만난 듯한 착각을 할 수도 있다. 선생님 입장에서는 학교의 여러 봉사활동에 적극적으로 참여해 주는 민수 어머니가 고마운 생각이 드는 것은 당연하다. 선생님이 자기를 고맙게 생각한다고 해서 마음속에 있는 말을 아무런 거름 없이 그대로 하는 것은 큰 실례다. 특히 다른 동료교사에 대해 부정적인 말을 하는 것은 매우 실례되는 일이다.

선생님은 그 말을 들으면서 민수 어머니에 대해 새로운 평가를 할 수 있다.

'아, 이 분은 이런 식으로 다른 사람들의 이야기를 거르지 않고 여기저기 전하는구나. 그렇다면 올해가 지난 후 내년에는 또 내 이야기를 이런 식으로 전하겠구나.'

담임교사 입장에서는 어쩔 수 없이 민수 어머니를 경계할 수밖에 없다.

❓ 이렇게 하면 어떨까요—긍정적 선택

민수 어머니가 도서관 봉사 일을 마친 후 민수의 학교생활이 궁금하여 담임을 찾아보는 것은 누구나 이해할 수 있는 일이다. 그래서 교실에 들르게 되면 민수 이야기뿐 아니라 필요 이상의 여러 이야기를 물어볼 수도 있다. 선생님과 가깝다는 인상을 주기 위해 작년 담임에 대한 불만을 살짝 드러내 보이고 싶을 때도 있을 것이다.

하지만 이런 비인격적인 말이나 태도는 마이너스 요소일 뿐 아무런 이득이 없는 일이다. 그러므로 마음속에 그런 생각이 슬며시 올라올 때는 자제하고 현재의 일만 물어보면서 감사하는 마음, 기대되는 마음만 이야기하고 나오는 것이 지혜로운 선택이다.

예고 없이 갑자기 교사를 찾아가는 일은 수업 외에도 다양한 서류 업무를 수행해야 하는 교사에게 부담을 준다.

🏫 학교현장을 이해해 볼까요

아이들이 모두 하교한 이후 교사는 무엇을 할까?

일부 학부모들은 하교와 더불어 교사가 퇴근할 것이라고 잘못 알고 있다. 교사들은 그때부터 여러 다른 업무로 바쁜 시간을 보낸다. 다음날의 수업 준비, 하루 종일 지냈던 아이들과의 생활기록 남기기, 수행평가 결과 처리, 동학년 업무 추진, 학생 관련 사항 나이스에 입력하기, 관련 공문 처리하기 등으로 바쁘게 지내다 보면 퇴근 시간까지 눈코 뜰 새 없다.

따라서 교사와의 면담은 미리 예약하거나 계획에 따라 이루어져야 한다. 만일 이번 경우처럼 학교에 볼 일이 있어 간 김에 잠깐 들른 것이라면, 5분 이내로 짧게 인사 정도만 하고 나오는 것이 예의다.

동료교사에 대한 험구는 절대로 금물이다. 의외로 이런 불편을 하소연하는 교사들이 많다. 이런 습관은 서로를 불신하게 만드는 부정적인 학교 분위기를 조장하는 일이다.

15
자녀의 문제를 인정하지 않는 학부모

 이런 일이 있었어요

혁준이가 집단따돌림을 주도한다는 이야기가 아이들 일기장에 가끔 드러났다. 이러한 내용을 파악하고 집단따돌림을 하지 말아야 할 이유에 대해 전체 교육을 했다. 그 이후로 혁준이가 달라졌나 할 정도로 다른 아이들의 일기장에 그런 내용이 안 보여서 마음 놓고 있었다.

그런데 알고 보니 혁준이는 더 괘씸한 행동을 하고 있었다. 선생님이 전체 지도를 할 때 혁준이는 누가 일기장에다 그런 내용을 썼을까에 관심을 가지고 있었던 것이다. 그리곤 짐작이 가는 아이들을 협박하고 겁을 주었다.

학교에서의 지도만으로는 부족하다고 여긴 담임교사는 학부모 면담을 요청했다.

　"우리 혁준이가 집단따돌림을 하려는 것은 아니었대요. 다만 그 아이들 간에 갈등상황이 벌어졌을 뿐이에요."

　담임이 보기에는 엄연히 집단따돌림을 주도한 행동임이 분명한데, 혁준이 어머니는 '갈등상황'일 뿐인데 왜 문제를 심각하게 보느냐며 오히려 담임의 관점을 섭섭해한다. 그러면서 혁준이에게는 아무런 문제도 없고 책임질 행동도 하지 않았다는 것만 강조한다. 마치 '이 문제를 학교폭력대책위원회로 넘기면 재미없을 줄 아세요.' 하는 듯이 말이다.

✏️ 학부모 기분은 이렇지요
혁준이 어머니는 아들이 성장하면서 분위기를 주도하거나 이끄는 역할을 하는 것은 알고 있었지만, 이렇게 문제가 되는 상황을 주도할 정도는 아님을 강조하고 싶었다. 집에서도 부모와 대화를 잘하고, 대화를 하다 보면 혁준이가 꽤 이성적으로 판단을 한다고 생각하였다. 그런 아들이 학교폭력에 해당하는 집단따돌림을 주도한다니…….

'선생님이 좀 과장되게 생각하거나 오해일 거야.'

이런 생각으로 학교에 온 혁준이 어머니는 일단 '갈등상황'이었음을 강조하고 싶었다.

갈등은 얼마든지 생길 수 있고, 그 상황을 얼마나 교육적으로 잘 풀어 나가느냐 하는 것은 바로 담임교사의 역량과 관련 있음을 말하고 싶었다.

'아예 확실하게 학교폭력 문제가 아님을 강조해야지, 학교폭력 대책위원회로 넘어가 버리면 우리 혁준이는 가해자로 몰리면서 곤란한 상황이 벌어질 수도 있어.'

혁준이 어머니는 이런 생각으로 면담에 응한 것이다.

🏫 선생님 기분은 이렇지요

담임으로서는 할 일을 다 했다. 학교폭력 예방교육은 학급 단위, 학교 단위로 의무적으로 실시해야 할 일이다. 더욱이 아이들의 일기장에 그런 내용이 있음을 발견하고 나니 초기에 바로 잡아야겠다는 판단에서 전체 교육을 했다. 그것으로 끝나면 다행이었는데, 혁준이는 일기장에 고자질을 한 아이들을 협박했다. 이 아이를 그대로 두면 매우 위험한 일도 저지르겠구나 하고 걱정이 되었다.

그런데 혁준이 어머니는 아들을 매우 신뢰하면서 오히려 이 상황을 담임이 얼마나 잘 풀어 가느냐가 마치 담임의 역량이나 능력이라는 듯 쐐기를 박으려 하는 분위기에 황당해졌다.

📖 학부모는 이렇게 하고 싶어요-부정적 선택

부모가 아들을 신뢰하는 것은 매우 바람직한 일이다. 부모-자녀 관계에서 이런 일을 보는 것은 아름다운 일이다. 그런데 지금 혁준이 어머니는 사실을 회피하거나 은폐하려 한다. 워낙 학교폭력의 가해자에게 전학까지 시키는 등 엄격하게 벌을 가하는 것으로 보아 이것이 절대로 학교폭력이 아님을 강조해야겠다는 생각으로 면담에 온 것이다.

그래서 쐐기를 박듯이 갈등상황일 뿐인 이 문제를 '학교폭력위원회' 운운하며 아예 담임으로서의 지도 책임에 문제가 있다는 쪽으로 초점을 돌려야겠다고 생각하고 왔다.

담임은 단지 부모의 협조를 얻어 혁준이가 더 이상 그런 행동을 하지 않도록 하려는 것뿐이었다. 그런데 혁준이 어머니의 반응은 담임에게 책임을 전가하려는 듯 영 어투가 불쾌하다.

'이렇다면 내가 뭐하러 이런 노력을 하지? 학교폭력위원회로 넘겨 버리고 거기서 전문가들이 알아서 처리하도록 하는 것이 낫지 않을까?'

❓ 이렇게 하면 어떨까요-긍정적 선택

일단 담임의 면담 요청에 바로 응한 것은 바쁜 학부모로서는 올바른 선택을 한 일이다. 학부모는 평소 아들과 대화도 많이 하는 편이고 아들의 생각을 들어보면 의젓하기도 해서 아들을 어디에 내 놓더라도 나쁜 행동은 하지 않을 것이라는 신뢰를 하고 있다.

'하지만 자식은 품 안의 자식이라지 않던가? 부모의 눈을 벗어나면 어떤 행동을 할지 모른다는 이웃집 선배들의 말이 혹시 이런 경우일까? 선생님이 면담을 요청해 주신 것이 오히려 감사하고 다행스러운 일이라고 내 마음을 전하고, 선생님의 이야기를 잘 들어 봐야겠다.'

이런 생각으로 담임과 대화를 풀어 가면 아들을 위해 도움도 되고 훨씬 더 좋은 선택이 되었을 것이다.

학교현장을 이해해 볼까요

폭력행동을 예방하고 대처하는 활동은 현재 학교에서 가장 강력하게 지도하는 생활지도 영역이다. 사안이 발생하면 관련 법에 명시된 절차에 따라서 관련 학생들의 지도와 처분을 진행해야 한다. 모든 학교에서는 학기당 최소 한 번의 예방교육을 학생, 학부모 및 교사를 대상으로 실시하는 것을 의무로 하고 있다. 하지만 교실에서는 한두 번으로 끝나지 않는다. 담임교사는 수시로 학교폭력 예방교육을 실시하고 있다. 2013년부터는 학교폭력 예방활동에 공을 세운 교사에게 가산점을 주는 제도까지 마련하였는데, 이에 대해 현장 교사들은 매우 불편한 마음을 가지고 있다. 당연히 지도하던 일을 보상 차원으로 끌고 가게 되면 순수성이 사라진다는 의견이 많다. 사안이 발생하게 되면 법적 절차에 따라 처리해야 하는데, 그에 관해 간단히 소개하고자 한다.

❶ 학교폭력대책 자치위원회의 구성 및 역할

학교마다 설치해야 할 법적인 관련 기구는 학교폭력대책 자치 위원회다.

- 자치위원회의 구성은 위원장 1인을 포함하여 5인 이상 10인 이하의 위원으로 구성한다.
- 위원회는 해당 학교의 학부모, 교사 및 외부 전문가로 구성하며, 임기는 2년이다.
- 분기별 1회 이상 회의를 하고 사안이 발생하면 절차에 의해 위원회를 개최한다.
- 자치위원회의 심의사항은 학교폭력의 예방 및 대책수립을 위한 학교체제 구축, 피해학생의 보호, 가해학생에 대한 선도 및 징계, 피해학생과 가해학생 간의 분쟁조정 등이다.
- 자치위원회의 결정이 있기 전까지는 '가해학생' '피해학생' 으로 구분하지 않고 '관련 학생'으로 지칭한다.
- 자치위원회의 진행 결과에 따라 조치가 결정되면 결과를 통보하는데, 서면사과, 접촉·협박 및 보복행위 금지, 학교에서의 봉사, 학급교체, 출석정지, 특별교육이수 또는 심리치료, 사회봉사, 전학, 퇴학처분까지 하게 된다.

❷「학교폭력예방 및 대책에 관한 법률」개정의 의의 및 내용

「학교폭력예방 및 대책에 관한 법률」은 2004년도 7월 30일에 대통령령으로 시행된 이래 여러 차례의 부분 개정을 거쳐 현재의 법은 2014년 1월 31일부터 시행되고 있다. 자세한 것은 대한민국

법제처 사이트(http://law.go.kr)를 참조한다.

- 의의: 피해학생들의 신속한 치료를 지원하고 치료비 보상 문제로 야기될 수 있는 가해학생-피해학생 학부모 간의 분쟁을 미연에 방지하고자 피해학생 선 지원-후 처리 시스템을 마련하였다.
- 내용: 학교폭력대책자치위원회에서 조치가 결정된 학교폭력 사안에 대해서는 가해학생 측의 경제적 사정과 관계없이 학교안전공제회가 피해학생의 심리상담, 일시보호, 치료를 위한 요양에 소요된 비용을 우선 부담한 후 가해학생 학부모에게 구상권을 행사할 수 있다.

❸ 가해·피해 학생의 부모 심리

사건이 발생했을 때 가해학생의 부모나 피해학생의 부모는 서로 생각하거나 주장하는 것이 다르다. (사)학교폭력피해자가족협의회 회장인 조정실 씨가 말하는 양측의 부모 심리를 알아보자.

- 피해학생 부모의 심리와 반응: 학창 시절 친구 간에 흔히 있을 수도 있는 일이라 생각하지만, 일단 자녀가 피해를 입게 되면 생각이 달라진다. 다시는 이런 일로 피해 입는 학생들이 발생하지 않도록 가해자를 따끔하게 혼내고 공개 사과를 통해 자녀의 자존심을 세워 주고 싶어 한다. 또한 부모가 당당하게 이 사건을 해결하는 모습도 자녀에게 보여 주고 싶어 한다. 피해학생의 부모가 문제를 해결하는 과정에서 정확한 대

처법을 잘 모르면 두려움, 막연함, 당혹감, 분노감, 공격심리 등을 경험하게 된다.

피해학생의 부모가 학교나 교사, 가해학생에 대해 공격적인 방식으로 대처하기 시작하면 결국은 법적 분쟁과 소송 또는 교육청 등의 상위 단체에 항의하게 된다. 이러한 과정에서 피해학생 부모는 '가해학생과 그 부모가 잘못만 인정하고 우리 아이가 얼마나 힘들지에 대한 이해와 배려만 있었어도 일을 이렇게 크게는 만들지 않았을 것이다.'라고 호소한다.

이때 중요한 것은 피해를 당한 내 자녀에게 필요한 '최선의 길'이 무엇인지를 생각해 보아야 한다. 학교나 교사에 대한 서운한 감정에 파묻혀서 아이가 당하고 있는 고통을 빨리 해결해 주려는 생각까지 늦추면 안 된다. 피해학생 부모가 가장 원하는 것은 자녀가 다시 학교생활을 즐겁게 하는 것이다. 이렇게 하려면 반드시 교사와 학교의 협력이 필요하다. 부모의 자존심을 지키느라 혹시라도 자녀가 어려움을 당하지 않도록 해야 한다.

- 가해학생 부모의 심리와 반응: 처음에는 당황하고 안절부절 못하다가 곧 변명거리를 찾는다. 가해행동을 한 자녀의 변명을 인정해 주며, 은연중 왜곡시키거나 변명거리를 더 보충해 주면서 자녀를 보호하려고 한다. 주위 사람들에게 피해학생을 비방하며 자기 자녀의 행동을 합리화시킨다. 피해학생, 피해학생의 부모와 가정의 문제점을 들춰내며 다른 아이들에게도 따돌림을 당하고 있음을 강조한다. 그러면서도 자신의 아

이에 대해 잘 모르고 있는 것 같은 불안감을 가지며, 아이의 장래에 대한 걱정도 한다. 이런 과정에서 가해학생의 부모도 당혹감, 회피와 핑계거리 찾아 합리화하기, 관망하기 등의 심리적 상태가 된다.

가해학생의 부모는 이때가 자녀의 가치관이나 삶의 태도를 바로잡아 줄 수 있는 결정적인 기회임을 놓치면 안 된다. 문제를 축소하거나 합리화하거나 책임을 회피하게 되면 자칫 자녀에게 잘못된 삶의 태도를 가르치는 셈이 된다. 특히 피해학생과 그 부모의 정신적인 괴로움을 이해하여 진심 어린 사과와 용서를 구하는 일을 미루면 안 된다. 학교폭력 사건이 확대되는 동기를 살펴보면, 감정적인 문제가 해결되지 않아서 확대되는 사례들이 많음이 안타까운 현실이다[서울특별시교육연수원(2013). 초등 학교폭력예방·대응 전문가과정 직무연수 교재. pp.10-18에서 발췌].

최근 좋은 교사 운동을 통해 회복적 생활교육이 확산되면서 현재의 학교폭력 처리 과정에 사법적 정의를 적용하지 않고 회복적 대화를 도입하여 문제를 해결하고자 하는 움직임이 일어나고 있는 것은 다행한 일이다. 사법적 절차에 의해 사안이 처리되고 난 후라도 문제가 완전히 해결되었다고 볼 수 없다. 억울한 측이 생기거나 보복하고 싶은 심리를 감추어 두었다가 나중에 더 심각한 문제가 발생될 가능성이 잠재된다. 이것을 법에 의해 덮어 버리는 셈이 되는 절차와 분위기가 염려된다.

회복적 대화는 궁극적으로 교실 내의 관계 회복에 주력하며 평화를 지향하는 인도적 흐름이다. 다만 시간이 많이 걸리는 단점이 있으나, 그만큼 효과는 좋으므로 현장에서는 관심을 갖고 적용해 볼 일이다.

「소년법」에 의해 판결을 받는 아이들을 대상으로 따뜻한 판결과 교육으로 회복을 시키면서 감동을 주는 천종호 판사의 『아니야, 우리가 미안하다』(2013)라는 책을 읽으면 학교폭력 문제를 어떻게 풀어 가는 것이 바람직한지 많은 아이디어를 얻을 수 있을 것이다.

16

과도한 기대로 아이를
힘들게 하는 학부모

이런 일이 있었어요

지만이 어머니는 4학년인 아들에 대한 자부심이 대단하다. 그 것도 그럴 것이, 할아버지부터 큰아버지 댁까지 법조인과 교수가 많은 가문이다. 지만이 아버지만 평범한 회사원이다.

지만이 어머니는 어릴 적부터 지만이도 법조인이나 교수 등 전 문직이 되기를 바라보며 엄격한 교육을 하고 있다. 집안 대소사에 친척들이 모이면 지만이 아버지만 괜히 위축되는 듯이 보여서 어 떡하든지 지만이는 '사' 자가 붙는 전문직이 되게 해야겠다는 의 지가 강하다. 그래서 장래의 꿈을 꼭 '판사'로 기록하도록 강요를 한다.

하지만 지만이의 진짜 꿈은 축구선수다. 부모는 판사를 만들려 고 하고, 아들은 마음껏 운동장을 누비는 축구선수를 꿈꾸고······.

이런 상황이다 보니 지만이가 스트레스를 받을 때가 있다.

한 학기에 한 번 치르는 기말고사를 앞두고 지만이는 배가 아프다고 했다. 보건실을 자주 가고 수업 중에도 가끔 엎드려 있는 모습이 담임교사의 눈에 띈다. 지만이의 상황을 알리고 병원에 데려가 보라고 알림장에 적어 주다가, 지난번 학부모 총회가 끝난 후 잠깐 남아서 담임에게 들려준 지만이 어머니의 말이 생각난다.

"집안에 교수, 판사, 변호사가 많아요. 그래서 우리 지만이도 그쪽으로 키우려고 생각하고 있답니다."

담임은 과도한 기대로 지만이가 스트레스를 겪고 있는 것이 안타깝게 생각되었다.

 학부모 기분은 이렇지요

사실 지만이 아버지는 아무렇지도 않은데, 친척들이 모일 때마다 부담을 갖는 것은 지만이 어머니다. 하나밖에 없는 아들만은 어떡하든지 판사를 만들어야겠다는 생각을 굳히고 보니 제일 걱정되는 것은 학교 공부다.

건강하여 친구들과 신나게 뛰어노는 일은 잘하고 있는데, 공부가 좀 뒤떨어지는 것이 늘 걱정이다. 저학년 때는 편하게 해 주었지만, 이제 4학년부터는 공부 내용도 어려워지니 집에서 예습·복습을 철저히 시켜야겠다고 마음 먹었다.

그런데 알림장을 보니 수업시간에도 가끔 엎드려 있다고 한다. '시험이 얼마 안 남았는데……. 왜 학교에서만 그렇게 배가 아플까? 혹시 담임선생님이 스트레스를 주는 것은 아닐까?'

🖼 선생님 기분은 이렇지요

지금 4학년이면 마음껏 뛰어놀 때다. 지난 학부모 총회 때도 강조를 했다.

"4학년 후반부터 빠른 아이들은 사춘기가 시작됩니다. 사춘기 특성 중에 하나는 공격성 호르몬이 어머어마하게 증가한다는 것입니다. 그 호르몬을 스포츠 활동을 통해서 에너지를 분출하지 않으면 엉뚱한 데서 스트레스를 풀려고 합니다. 그러니 공부와 운동을 적절히 조절해서 건강하고 행복한 4학년을 보내게 해 주세요."

지만이는 아마도 공부는 작년보다 많이 어려워졌지, 운동할 시간은 줄어들었지, 기말고사는 가까이 다가오지, 이런 심적 부담을 견디다 못해 스트레스성 복통으로 나타난 것일 수 있다.

'부모의 과도한 기대로 지만이가 힘들어지겠구나.'라고 생각하니 지만이가 안쓰러워 보였다.

📖 학부모는 이렇게 하고 싶어요—부정적 선택

친척들이 모일 때마다 겉으로 내색은 하지 않았으나, 공동 대화가 적었던 지만이 어머니는 모임이 끝나고 귀가하면 그때부터 머리가 아팠다. 남편은 형제들과 어린 시절을 함께 성장한 경험을 가지고 있어서 본능적으로 친척과 친하게 어울리지만, 자신은 그렇지 못했다. 스스로 비교당하는 것 같고 소외되는 것 같은 느낌을 지울 수가 없었다.

그런 일이 거듭되자 이제 희망을 지만이에게 두었다. 지만이만은 어떡하든지 판사를 만들어야겠다는 생각에 뛰어 노는 시간도 줄이고 공부만 강조하게 된 것이다. 남편에게는 자기가 다 알아서 할 거니까 돈만 잘 벌어 달라고 슬쩍 부탁을 했다. 앞으로 학원비도 만만치 않을 테고 학년이 올라감에 따라 고액과외도 준비하려면 남편이 잘 도와줘야 된다.

이제부터는 노는 시간을 줄이고 공부 시간을 늘려야 된다고 생각하는 학부모였다.

'그런데 배가 아프다니……. 그것도 시험을 앞두고서.'

❓ 이렇게 하면 어떨까요—긍정적 선택

물론 친척들이 모일 때마다 지만이 어머니 입장에서는 불편한 순간들이 있었을 것이다. 시부모님들이 자녀를 잘 키우는 것은 엄마 몫이란 것을 강조하는 분위기도 은근히 한몫을 했다. 하지만 남편은 그런 분위기에 전혀 아랑곳하지 않고 오히려 자기가 하고 싶던 일이라 즐겁다는 말을 하는데서 약간의 갈등도 생긴다.

'부모가 일치된 견해와 바람을 가져야 자녀에게 힘을 줄 수 있

다는데…….'

하지만 지만이는 희망도 안 하는데 지금부터 엄마의 희망을 강요하는 것이 아들에게 무리한 기대가 아니었을까?

'내가 중요하게 생각하는 것은 행복하게 사는 것인데 무엇이 우리 지만이를 행복하게 하는 것일까?'

'하나밖에 없는 아들의 장래에 대해 내 마음대로 무엇을 만들겠다는 생각부터가 잘못된 출발이다.'

'지금 마음껏 뛰어놀아야 하는 아이가 그렇게 못하니까 스트레스가 쌓여 복통으로 나타난 것인지도 몰라. 선생님을 직접 만나서 좀 더 자세한 이야기를 나누어야겠어.'

🏫 학교현장을 이해해 볼까요

학교에서는 전학년에 걸쳐 진로교육을 한다. 학년이 올라갈수록 심도 있게 하고 있다. 진로학자 시드니 말랜드(Sidney Marland)는 "모든 교육은 진로교육이다. 그리고 또 그렇게 되어야 한다."라고 강조하였다.

'무엇이 하고 싶은가?'를 시작으로, 자신의 소질과 적성, 강점을 찾아보기, 꿈을 이룬 사람들의 노력과정을 알아보기, 역할모델을 찾아보기, 꿈 성취를 도와줄 기관 알아보기, 적성을 살리고 꿈을 이룰 대학의 학과 알아보기 등 다양한 진로활동을 한다.

진로학자들은 초등학교 시기는 진로인식단계, 중학교는 진로탐색단계 그리고 고등학교는 진로선택단계로 진로발달단계를 구분하였다. 간혹 5, 6학년 아이들에게 꿈이 뭐냐고 물으면 아직 없다고 말하는 아이들이 있다. 이것은 전혀 문제가 될 일은 아니다. 아이들은 여러 교육활동을 통해서 또 일반적인 경험을 통해서 자신이 하고 싶은 일이 무엇인가를 꾸준히 찾아가는 성장과정에 있다.

언젠가 '꿈과 끼'를 강조하는 학교교육에 아이가 스트레스를 받고 있다는 독자투고 난의 기사를 읽은 일이 있다. 어떤 교육활동도 아이에게 스트레스가 되면 안 된다. 즐겁고 행복한 시기로 보낼 수 있도록 부모나 교사가 아이를 도와줘야 한다.

두 얼굴의 엄마(대곡초등학교 5학년 박상민)

상민아,
나는 네가 가장 좋아.
오늘은 시험 잘 본 날

여보, 상민이 오늘 시험 못 봤대요.
잠잠한 분위기
나는 그게 더 무섭다.

공부 잘 할 때만
잘 해 주는 엄마
우리 엄마는 두 얼굴

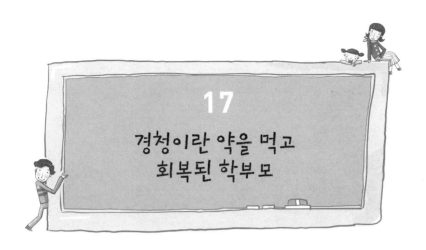

17

경청이란 약을 먹고
회복된 학부모

이런 일이 있었어요

2학년 정식이 어머니는 1학년 때는 전교가 다 아는 유명 학부모였다.

정신이 약간 불안정한 듯 담임에게 와서 하는 소리가 가끔은 횡설수설한다고도 한다. 한두 차례 그러다보니 담임은 이제 멀리서 정식이 어머니가 나타난 것을 보면 일거리를 싸들고 슬그머니 교실에서 나간다. 담임 업무가 많아서 정식이 어머니와 한번 마주 앉으면 초점이 없는 말로 하도 시간을 뺏기니까 업무 진행에 차질이 생겨서 그렇다.

담임에게 안 통하니 이젠 교무실로 가서 교감선생님을 붙들고 별로 중요하지도 않은 일을 가지고 마치 따지듯 가까이 앉아서 교감의 일도 방해한다. 오죽하면 교감선생님은 요주의 인물이라고

바탕화면에까지 올려놓았을까! 교감선생님도 정식이 어머니가 나타나면 슬그머니 일어나 교내 순시를 돌 정도다.

그런데 2학년에 올라와서는 작년의 그 행동이 모두 사라졌다. '도대체 2학년 담임선생님이 어떤 분이길래? 어떤 말을 해 주었길래? 올해는 정식이 어머니가 교사를 작년처럼 괴롭히지 않는거지?' 모두들 궁금증을 가졌다.

✏️ 학부모 기분은 이렇지요

정식이를 처음으로 학교에 입학시키고 나니 정식이를 더 잘 키우고 싶은 생각으로 가득 찬 정식이 어머니였다. 자기의 학창 시절을 돌아보니 어머니가 일찍 돌아가셔서 입학식에도 큰아버지가 가주셨고, 학교에 행사가 있을 때에는 농사일이 바쁘다며 아무도 참석해 주지 않았었다. 그때마다 섭섭하고 허전했던 마음은 성장기 내내 우울한 학창 시절을 보내는 원인이 되었다.

결혼을 하고 아들을 낳고 나서는 비로소 자기가 한 성인으로서 대우를 받는구나 하고 생각할 정도로 아들의 탄생과 입학은 큰 생애사건이었다.

그러다보니 정식이가 입학한 이후로 하루도 학교에 안 가는 날이 없을 정도다. 아들의 학교생활이 마음에 안 놓이고 엄마가 보여야 아들의 마음이 편할 듯해서 아들을 학교에 혼자 보낸 날이 거의 없다. 교실을 들여보내고 나서도 복도에서 기웃거리며 아들의 동태를 살피다가 돌아간다.

그런데 언제부터인가 담임선생님이 자기를 피하는 듯하다. 같은 학년의 다른 교사들도 자기가 나타나면 힐끗 보다가 수군거리는 듯한 분위기가 기분이 나쁘다. 그래서 담임을 만나기만 하면 내가 한번 따져 보리라고 마음먹고 있던 중이었다.

그런데 2학년 담임은 1학년 담임과 달랐다. 첫날, 자기의 하소연 섞인 이야기를 두 시간이나 들어주었다. 이렇게 좋은 선생님을 만나다니…….

이젠 마음이 푹 놓인다.

🎨 선생님 기분은 이렇지요

(1학년 때 담임)

처음에는 자녀를 자상하게 돌보는 어머니인 줄 알았다. 아이들이 공부하는 교실을 깨끗이 하는 일에도 앞장서서 참여해 주실 어머니로 알았다. 그런데 자기 아이에게만 관심이 있었지, 봉사하는 일에는 절대로 참여하는 일이 없었다. 몸이 약하다는 것이다. 그러면서도 담임이 하는 일에는 언젠가부터 꼬치꼬치 따져 물으려 하는 데는 담임도 질렸다.

하다못해 나뭇잎을 관찰하기 위해 나뭇잎을 모아오라는 알림장을 들고 와서는 "왜 생명존중에 위배되는 활동을 시키느냐?" "그렇게 잔인한 행동을 어린 아이들에게 왜 시키느냐?" 하며 따진 일이 있다. 그 외에도 몇 번 그와 비슷한 행동을 한 이후로는 가능한 한 안 만나는 것이 좋았다. 기분이 나빠지면 혹시 아이들에게 그 기분이 전달될까 하는 생각에 아예 만나지 않는 것이 낫다고 판단했기 때문이다.

언젠가 교감선생님이 불러서 갔더니 정식이 어머니가 어떤 분이냐며 자주 찾아와서 업무 방해를 한다는 말을 들었다. 교실에서 안 들어주니 교무실로 가는구나 하고 생각하며, "교감선생님이 말씀 좀 잘해 주서서 변화시켜 주세요."라고 했던 일도 있다.

(2학년 때 담임)

새 학교에 부임하는 첫날이다. 2학년 교실에 들어가서 귀여운 아이들과 대면을 하고 여러 가지 첫 만남 행사를 하고 돌려보냈다. 조금 있으니 정식이 어머니란 분이 들어왔다.

처음 만나는 학부모라 친절하게 자리를 마련해 주고 이야기를 들었다. 아들 이야기부터 시작해서 학교와 교사에게 섭섭했던 이야기들을 많이 했다. 중간에 끊고 싶은 생각이 몇 번 들었으나 첫 만남이고 마음속에 쌓인 응어리를 풀어 주어야겠다는 생각에서 끝까지 들어주었다. 중간에 몇 차례 학년부장이 교실에 왔었지만, 분위기를 보고 그냥 돌아갔다.

첫날의 업무가 많아 마음은 조급해졌지만, 꾹꾹 누르며 중간중간 공감 표현을 해 주면서 끝까지 들어주다보니 어느 덧 교사 회의를 알리는 방송 멘트가 나왔다.

"어쩌죠? 더 들어드리고 싶은데 회의가 곧 시작된다고 하네요. 제가 오늘 부임 첫날이라서……."

조심스럽고 미안한 표정으로 말했다.

"아니에요, 전 이제 마음이 편해요. 제 이야기를 이렇게 진지하고 오랫동안 들어주신 분은 선생님이 처음이에요."

담임은 주섬주섬 짐을 챙겨 교실을 나오면서 한숨을 내쉬었다.

'휴우, 첫날의 신고식을 톡톡히 치루었네.'

📖 학부모는 이렇게 하고 싶어요−부정적 선택

학부모들은 매우 다양하다. 정상적인 생각을 하면서 예의도 있어서 의사소통이 잘되는 분도 있고, 왠지 의사소통이 안 되어 힘든 학부모도 있다. 간혹 자신의 생활 스트레스를 담임에게 와서 풀어 놓으려는 학부모도 있다. 교사가 시간 여유가 넉넉하다면 그모든 호소를 다 들어줄 수 있지만, 요즘 어느 교사라도 그런 여유가 있는 사람은 없다. 그러다보니 늘 시간에 쫓기고 마음이 바쁘다. 그런데 정식이 어머니처럼 교사에게 와서 따지거나 사소한 일로 불편하게 하면 교사는 피하고 싶어진다.

정식이 어머니는 몇 번 담임이 자기를 피하는 듯 느껴지면 자신을 돌아보고 그런 행동을 자제해야 한다. 이것이 정식이에게도, 학급 전체 아이들에게도 도움이 된다. 그런데 정식이 어머니는 이렇게 이성적인 판단을 하기에는 어느 부분 미숙한 부분이 있다.

그동안 악순환이 반복되고 있었다. 정식이 어머니의 행동과 그에 대한 담임의 반응이 서로 엇갈리고 있는 것은 원인과 결과의 악순환이 거듭되는 것이다. 급기야는 교무실까지 가게 되고.

❓ 이렇게 하면 어떨까요−긍정적 선택

1학년 때 그런 대우를 받은 정식이 어머니는 학교에 대해서도 불신이 가득 찼다. 새 학년이 되기만을 기다린 어머니는 만일 2학년 담임도 자기를 그렇게 대하면 전학을 가리라고 생각하고 첫날 학교에 온 것이다.

그런데 2학년의 새 담임은 전혀 달랐다. 자기 이야기를 처음부터 끝까지 진지하게 들어주고 공감도 잘해 준다. 게다가 방송이 나오자 아주 미안한 듯이 자기 말을 더 들어주지 못해 송구하단 말까지 한다.

정식이 어머니는 비로소 마음이 풀렸다. 이제야 비로소 자기가 사람으로서 대우받는구나 하는 생각에 마음이 푹 놓이고 전학 가고 싶다는 생각이 다 녹아 버렸다.

🏫 학교현장을 이해해 볼까요

세상살이에서 선입견이라는 것이 도움이 될 때도 있지만 전혀 도움이 안 될 때도 많다.

만일 2학년의 새 담임이 정식이 어머니에 대한 선입견이 있었다면 아마 이 교사도 피했을지 모른다. 그러나 새로 부임했기 때문에 이 학부모에 대한 선입견이나 선행지식이 전혀 없었다. 오로지 상담자로서의 기본 자세는 '경청'임을 강조해서 들었던 겨울방학 때의 연수가 생각났었을 뿐이다. 그래서 '아, 이 분이 지금 내게 상담을 하고 있구나.'라고 생각하고 끝까지 경청하려고 노력했을 뿐이다.

반면 1학년 때 담임은 경청해 줄 수가 없었다. 그동안 여러 가지 관련 사건도 있었고, 의사소통이 안 되는 분이라는 판단이 섰기 때문이다. 시간만 뺏는 학부모란 인식이 된 이후부터는 피하는 것이 상책이라고 판단하고 피하거나 교감선생님에게 미루었던 것이다.

대화에서 경청은 이렇게 힘을 발휘한다. 어떤 상담심리학자는 '경청 대 싸움'은 양극단이라고 말할 정도로 말할 정도로 경청을 강조했다.

학부모는 담임교사의 시간을 존중해서 아무 때나 시간을 뺏는 일을 하지 말아야 할 것이고, 담임교사는 웬만하면 학부모의 이야기를 경청해 줌으로써 좋은 관계를 유지해야 할 것이다. 이래야 교실이 편하고 아이들이 즐거운 분위기에서 공부할 수 있다.

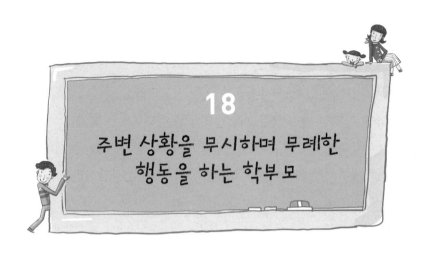

18
주변 상황을 무시하며 무례한
행동을 하는 학부모

🎺 이런 일이 있었어요

미영이 어머니는 교사에 대한 인식이 평소에 안 좋다. 초등학교 시절, 지금 생각하니 치맛바람인데, 그때는 부러움의 대상이었던 몇몇 아이들이 학급에 있었다. 선생님은 반 아이들을 골고루 칭찬해 주고 심부름도 자주 시켜 주며 아이들을 공평하게 대한다고 하셨지만, 자기 생각에는 그렇지 않았다. 선생님은 몇몇 아이들을 더 예뻐했다는 생각을 떨칠 수가 없었다.

그런데 딸이 초등학생이 된 후, 담임선생님을 대하니 어쩐지 미영이가 소외되는 것 같은 느낌이 간혹 들었다.

'선생들은 다 똑같아. 하긴 부모도 자식이 여럿이면 자식들끼리 이런 일로 싸우기도 하는데, 선생이라고 다를까? 그러려니 해야지.' 하면서 교사에 대한 존경심을 아예 갖지 않기로 했다.

미영이 어머니는 학부모들 모임에서도 공공연히 '선생님'이라 하지 않고 '선생들'이라고 표현했다. "지나가다 듣기라도 하면 어떡해. 그냥 선생님이라고 하지." 하고 같은 아파트에 사는 엄마가 말했지만 개의치 않았다.

그런 마음이 속에 있으니 교사를 직접 대할 때도 마찬가지였다.

담임은 학부모가 담임을 함부로 대하는 그런 표정이나 몸가짐, 언어 등이 매우 기분이 나쁘다.

✎ 학부모 기분은 이렇지요

미영이 어머니는 평소 교사에 대한 부정적 이미지를 가지고 있다. 아이들을 편애하고 불친절하다는 생각을 하는 것이다. 그래서 입학을 시킨 후에는 혹시라도 내 아이가 소외되지 않을까 하는 피해의식을 갖고 있다.

그러다가 학교 교문을 들어서면 왠지 거대한 벽에 부딪히는 느낌을 떨쳐 버릴 수가 없다. 어린 시절의 추억이 떠오르고 소외당

했던 자신의 모습이 떠올라 마음이 편치 않다. 그때는 어려서 담임에게 감히 말할 수 없었던 기분을 지금 딸 아이의 담임에게 투사하고 있는 것이다.

그래서 자기가 이렇게 강한 모습을 보이면 아마도 담임이 미영이를 소외시킨다거나 함부로 대하진 못할 거라는 생각을 하는 것이다.

🖼️ 선생님 기분은 이렇지요

교사들은 모든 학부모가 담임을 존경하기를 바라는 비현실적인 기대를 하는 경향이 있다. 학급 경영을 위해 연구하고 노력하면서 최선을 다하고자 애쓰는 모습이 학부모에게 전달되기를 바라기 때문이다. 그리고 또 하나는 이러한 교사들은 거의 학창 시절에 모범적인 생활을 했던 과거를 가지고 있다. 그러니 칭찬도 많이 받았을 것이다. 그러한 이유로 선생님은 존경을 받아야 하는 대상으로 생각하기 때문에 학부모들로부터 무시당한다거나 자존심이 상하는 일을 겪으면 누구보다 힘들어한다.

학부모는 담임교사와 뜻이 일치되어 자녀를 위한 지도 방향이 같아야 한다. 그래서 담임과 밀접하게 의견을 주고받을 필요가 있는 것이다. 그런데 이렇게 처음부터 불신하는 표정을 보거나 빈정거리는 언사를 들으면 아주 의욕이 떨어진다. 아마 미영이 어머니는 잘 모르겠지만, 담임은 그런 기분일 것이다.

📖 학부모는 이렇게 하고 싶어요-부정적 선택

부정적인 선입견이 오늘의 결과가 있게 했다. 미영이 어머니의 초등학교 시절 담임선생님과의 관계에서 부정적 경험이 지금 아이의 담임까지 좋지 않은 시각으로 보게 된 것이다. 그리고 자신이 강하게 나가면 주위 사람들이 자기를 두려워할 것이라는 착각을 하고 있다.

하지만 오히려 부담을 주는 사람으로 인식하여 피하거나 외면하려 들지 않을까? 더욱이 담임의 입장에서는 미영이만 바라보면 사랑스럽고 예쁜 1학년 학생인데, 그 무례하고 경우 없는 미영이 어머니를 생각하면 아마도 예쁘고 사랑스러운 모습이 반감될 수 있지 않을까?

? 이렇게 하면 어떨까요–긍정적 선택

비록 어린 시절에 교사에 대한 기억이 좋지 않을지라도 자녀를 학교에 보낸 부모는 긍정적인 생각을 하는 것이 꼭 필요하다. 자녀는 부모를 꼭 닮기 때문이다. 자녀는 부모의 뒷모습을 보고 따라갈 뿐 아니라 부모의 말과 행동을 모두 닮는다.

부모 자신의 마음속에서는 상대방에 대한 미움이 있을지라도 자녀 앞에서는 그 미움을 나타내면 안 된다. 자녀 마음속에서도 같은 미움이 자라게 되기 때문이다. 그래서 부모 역할이 힘든 것이다. 부모의 자기 훈련은 바로 자녀를 위해 필요한 일이다.

교사에 대한 선입견이 안 좋을지라도 현재 딸의 담임을 향해서는 생각을 달리해야 한다. 왜냐하면 교사는 모두 다를 뿐 아니라 이번 담임은 의외로 마음에 드는 분이라 부정적 선입견을 수정할 기회가 될지도 모르기 때문이다.

불과 30~40년 전만 해도 경제개발, 산업발전에 올인하던 시대

였다. 그 당시의 초등학교를 생각하면 바글거리는 아이들로 가득
찬 운동장, 교실이 모자라서 2부제는 기본이고 대도시의 어떤 학
교는 3부제까지 하는 학교가 있을 정도였다. 그런 상황에서 치맛
바람이 거세게 불고 아동의 인권이 무시되는 상황도 있었음을 인
정한다. 그러나 지금은 달라졌다. 그 시대와는 상황이 많이 바뀌었
음을 인정하고 교사에게 예의 바르게 대함이 옳은 선택이 아닐까?

🏫 학교현장을 이해해 볼까요

요즘 학교와 학부모의 관계를 농담 삼아 '학부모가 갑이고, 학
교가 을'이라고 말하는 사람들도 있다. 아이들도 요구가 많지만,
학부모들도 요구가 많다. 학교는 교육 수요자의 요구를 들어주어야
하고 만족시켜야 한다. 교육이 서비스직으로 인식된 지 오래다. 교
사도 '감정노동자'라는 말이 심심치 않게 등장하고 있는데, 이것은
교사는 아무리 힘들고 화가 나도 감정을 마음 놓고 드러내지 말라
고 부담을 주는 의미다. 그래서 요즘 교사연수 과정에는 '화 다스리
기' '교사 자신의 감정코칭'과 관련한 연수가 꽤 인기가 있다. 뿐만
아니라 교사 스트레스를 해소하기 위한 전문 상담실 설치에 대한
필요성과 요구도 늘어나고 있다.

학교에서 고마운 대상으로 인식되는 학부모는 교사의 수고를
치하하며 식사라도 대접하는 학부모가 결코 아니다. 일 년 동안의
학교 교육과정 계획 안내를 참고해서 자녀가 그 교육과정을 통해
성장하고 성숙하기를 기대하며 말없이 따라주는 대다수의 부모들
이 진정으로 고마운 분들이다. 소수이기는 하지만 목소리가 큰 학
부모들이 학교 분위기를 살벌하게 만들기도 하고, 안정된 교육체

제를 흔들기도 하는 현상이 점점 늘어나고 있다.

자기 자녀에 대한 이기주의 때문에 자신의 행동을 자제하지 못하고 사리 분별없이 교무실에 와서 큰소리로 언성을 높이거나 폭력을 행사하는 학부모도 있다. 그런 행동을 보면 '저 분이 자식 키우는 부모가 맞나? 정말로 자녀를 위하는 행동일까?' 하는 생각이 든다.

과정이야 어쨌든 자기 자녀에게 당장의 이로움만 된다면 물불 가릴 것 없다고 생각하는 것 같은데, 교권이 확실하게 보호받을 강력한 장치가 시급하다. 교원을 보호하는 최종 목적은 우리 아이들을 잘 기르기 위함임을 잊지 말아야 할 것이다.

부정적인 생각으로 세상을 보면 모든 것이 부정적으로만 보인다. 반면 긍정적인 점을 보는 습관을 들이면 모든 것이 긍정적으로 보인다. 긍정의 마인드로 살아가는 사람과 부정의 마인드로 살아가는 사람들의 삶의 방식은 다르다. 한쪽은 감사와 축복과 미소와 행복이고, 다른 한쪽은 불평과 저주와 비난과 불행이다.

결국 어떤 삶을 살아가느냐 하는 것은 본인의 선택이고 그 선택에 의해 자녀는 또 영향을 받기 때문에 부모의 대인관계 및 생활 방식은 가족의 대인관계 문화로 자리 잡고 가족력으로 대물림되고 있는 것이다.

사실 부모는 자녀를 위해 산다. 요즘 자녀에게 올인하지 말고 자신을 위해 살라고 권면하기도 하는데, 자녀가 독립하기 전까지는 부모의 돌봄이 전적으로 필요하다. 여기서 자녀에게 올인하지 말라는 말은 부모의 기대나 욕심을 자녀에게 쏟지 말라는 뜻이다. 돌봄과 지원과 지지의 부모 역할까지 하지 말라는 것은 아님을 잊지 말아야 한다.

정도상의 『엄마로 돌아가라』(2012)라는 책에서 저자가 강조하는 엄마 역할에 충실하라는 말이다. 요즘 엄마가 선생님 역할을 하려는 분위기가 걱정된다.

 생각하기

황선미의 『초대받은 아이들』(2007)을 읽고 자녀가 처한 특별한 상황에서 지혜로운 부모의 역할에 대해 생각해 보자.

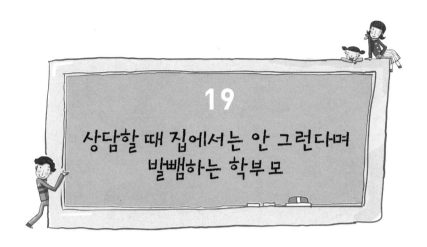

19
상담할 때 집에서는 안 그런다며 발뺌하는 학부모

🎺 이런 일이 있었어요

학부모 상담 주간을 앞두고 수석 교사가 교사 대상 연수를 했다. 학부모 상담에 대한 일반적인 이야기에 덧붙여 특별한 학부모들은 어떻게 대해야 하는지에 대해서도 조언을 해 주었다.

김 교사는 이제 학부모 상담을 진행할 모든 준비가 끝났다. 계획한 대로 이번 주 4일 동안 학부모 상담을 진행하기만 하면 된다. 야간에도 진행하는 것이 부담이 되긴 했지만, 어린이집 야간 돌보미 제도를 이용하면 힘은 좀 들어도 학부모 서비스 차원에서 야간 상담도 할 만했다.

오늘은 야간상담까지 합하여 모두 4명의 어머니와 상담을 했다. 그런데 순철이 어머니와의 상담이 무언가 제대로 된 것 같지 않아 마음이 무겁다. 대개의 어머니들은 학교생활 중에서 부모가

미처 모르는 내용을 알려 주면 알려줘서 고맙다고 말하며 집에서
잘 지도하겠다고 한다. 그런데 순철이 어머니는 달랐다.

"어머니, 순철이가 요즘 욕을 많이, 자주 해서 여자 아이들에게
서 항의가 많습니다. 고운 말을 사용하도록 가정지도를 부탁드립
니다."

"그래요? 집에서는 욕을 전혀 안 하는데요? 다른 학생들이 사용
하니까 학교에 오면 배우나 봐요. 학교에서 좋은 것만 가르치는
줄 알았는데 이렇게 욕을 배워 오다니……. 선생님은 이제야 아셨
나요?"

✏️ 학부모 기분은 이렇지요

집에서 아들의 욕을 전혀 들어보지 못했던 순철이 어머니는 담
임의 말을 듣고 깜짝 놀랐다. 그리고 황당했다.

'난 아들에게 욕을 가르친 적도 없고 우리 집에는 아무도 상스

런 말을 쓰는 사람도 없는데······.'

'학교에서 어떻게 지도하길래 우리 아들이 욕을 쓴단 말이야. 담임은 뭘 가르쳤지? 아이들이 욕을 하는 것도 그동안 모르고 있었나? 여자 아이들이 항의하지 않았더라면 영원히 모를 뻔한 것 아냐?'

학사 달력에 명시된 학부모 상담 주간 일정을 보고 모처럼 일정을 조정하여 오늘을 기다렸는데, 아들이 욕을 한다는 말에 순간 기분이 확 상했다.

'이건 순전히 담임교사 책임이야. 집에서는 욕하는 것 한 번도 못 봤어. 담임은 우리 순철이의 좋은 점은 왜 하나도 말 안 해 주고 창피하게 욕하는 것만 말하는 거야?'

순철이 어머니는 불쾌한 기분을 참느라고 애썼다.

🏫 선생님 기분은 이렇지요

그동안 여자 아이들의 일기에도 적혀 있었고, 임원 아이들도 순철이가 욕을 심하게 한다고 몇 번 말해서 순철이 어머니에게 협조를 구할 참이었다. 그래서 실상을 말하고 도움을 구한 것이다. 그런데 이런 식으로 발뺌을 하다니······.

'집에서는 욕할 환경이 당연히 아니지. 설마 부모에게 욕을 하겠는가? 욕이란 친구들 사이에서 하는 것인데, 집에서는 욕을 안 하는 것이 당연한 것 아니야?'

'욕을 가르치는 교사나 학교가 어디 있단 말이야? 거 참! 말도 이상하게 하네!'

선생님은 기분이 확 나빠졌다.

모처럼 부모의 협조를 얻어 고운 말을 사용하도록 지도하려던 계획이 순철이 어머니의 말 때문에 의기소침해졌다.

'왜 요즘 부모들은 저렇게 밉상으로 말을 할까!'

📖 학부모는 이렇게 하고 싶어요–부정적 선택

어머니가 보기에는 예의 바르고 반듯하게 자라고 있는 순철이다. 동네에서는 사람들에게 인사도 잘하고 부모의 말도 거역하는 일이 없이 고분고분 잘 듣는다. 그래서 착한 아이 소리도 심심치 않게 듣는다. 그런 순철이가 더욱이 욕이라니? 당치도 않은 소리다.

'담임은 기분 나쁘게 왜 우리 아들에 대해 안 좋은 말만 하는 거야?'

순간적으로 기분이 나빠진 순철이 어머니는 학교와 담임에게로 책임을 돌리고 싶었다.

그래서 미리 선수를 쳤다.

"집에서는 안 그러는데요! 학교에 와서 배웠나 봐요. 담임은 여태 몰랐나요?"

이런 말들이 담임을 기분 나쁘게 하리란 것은 짐작하고 있었지만, 그냥 내뱉어 버렸다.

❓ 이렇게 하면 어떨까요–긍정적 선택

순철이 어머니가 기분이 나쁜 것은 당연하다. 세상 어느 부모도 자기 자녀의 흠을 말하는 사람에게 호감을 가질 리 없다. 비록 아이의 담임일지라도.

그러나 기분 나쁜 첫 감정을 자제하고 다음과 같이 말했으면 어땠을까?

"어머나, 전혀 몰랐어요. 집에서는 말 잘 듣는 착한 아들인데, 우리 아이가 욕을 해요? 어떻게 하면 좋을까요? 아이들하고 어울리다 보니 툭툭 튀어나오는 모양인데, 이제 알았으니 집에서 잘 지도하겠습니다. 학교에만 오면 그러는 모양이니, 발견될 때마다 혼을 내 주세요. 아무래도 저보다는 선생님의 지도가 효과가 있지요."

이렇게 말한다고 순철이나 어머니의 자존심이 상하는 일은 없다. 오히려 이렇게 교사에게 부탁을 하는 입장일 때 교사는 더 관심을 가지고 책임감 있게 지도해 준다.

학교현장을 이해해 볼까요

'품 안의 자녀'라는 말이 있다. 내 품 안에 있을 때 내 자식이지 부모 눈을 벗어나면 아무리 자식이라도 믿을 수가 없다는 말이다. 아이들이 커 가면서 부모 곁을 떠나면 어떤 행동을 할지 아무도 장담할 수 없다. 성장하면서 부모보다는 친구에게로 더 관심이 가기 때문에 친구들의 영향을 많이 받게 되어 있다.

어른들이 보기에 모범적인 아이라도 욕을 안 하지는 않는다. 요즘에는 새로운 욕을 개발하는 아이, 새로운 욕을 빨리 도입하는 아이, 새로운 욕을 과감하게 잘 사용하는 아이, 욕을 통해 자신의 감정을 쉽게 발산하는 아이들이 인기가 있는 경우도 있다. 영웅심이 큰 아이들은 용감하게 욕을 함으로써 친구들의 부러워하는 시선을 즐기기도 한다.

이런 이유로 '욕설 금지, 고운 말 쓰기'를 지도하려면 부모와 교사가 의견이 어긋날 때가 가끔 있다. 집에서는 한 번도 욕하는 소리를 들어보지 못했는데 학교에서는 욕을 너무 잘한다는 말을 어느 부모인들 쉽게 납득하겠는가? 학부모는 이런 상황을 감안하여 교사로부터 가정지도 부탁을 받을 때 거부감을 가지지 말아야 한다.

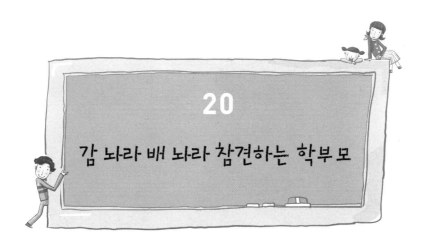

20
감 놔라 배 놔라 참견하는 학부모

![] 이런 일이 있었어요

　준형이 어머니는 학부모 단체의 활동도 열심히 하고, 학교운영 위원회 학부모 위원이다. 학교 일에 열심히 참여하는 것에 대해 담임은 늘 고마운 마음을 갖고 있다. 준형이도 워낙 성실하고 공부도 열심히 해서 아이들로부터 신뢰를 얻고 있다. 모둠활동에서도 협조적이고 학급의 궂은 일도 나서서 하니 인기도 짱이다.

　그런데 준형이 어머니가 가끔 지나친 친절(?)을 베풀어서 담임으로서는 부담스럽다. 현장학습 가기 전 날이었다.

　"선생님, 내일 아이들 관리 잘하셔야 돼요. 잠깐 방심하는 사이, 아이들이 하나라도 사라지면 큰 일 나는 것 아시지요?"

　어린이날 체육대회 전 날이었다.

　"선생님, 내일 부모들에게서 아무 것도 받으시면 안 돼요. 학교

20. 감 놔라 배 놔라 참견하는 학부모　137

운영위원회에서 여러 번 말이 나왔었어요. 아셨죠?"

시험 보기 전 날이었다.

"선생님, 내일 가림판 꼭 준비하도록 시켰나요? 혹시라도 컨닝했다는 둥 그런 말이 나오면 아주 골치 아파져요."

이런 내용은 이미 교무회의나 동학년 회의에서 전달된 사항이고 기본 상식인데, 준형이 어머니는 담임이 못미더워서인지, 본인이 꼭 챙겨 줘야 하는 것이라고 알고 있는지 이젠 좀 성가실 정도다. 이런 상황을 옆 반 선생님에게 하소연했다.

"그 엄마 왜 담임에게 감 놔라 배 놔라 하며 참견이야! 그런 건기본으로 이미 알고 있으니 다음부터는 간섭하지 말라고 딱 잘라 말해요."

✏️ 학부모 기분은 이렇지요

준형이 어머니는 학부모 단체활동뿐 아니라 학교운영위원회 위원까지 하니 학교의 상황을 잘 알고 있다. 혹시라도 담임이 중요한 사항들을 놓치기라도 할까 봐 신경이 쓰인다. 마침 담임이 경력도 얼마 안 된 듯 하고, 아이들하고 바쁘다 보면 깜빡하기도 할 것 같아 전화로 알리는 것이다.

작년에도 시험 전 날 가림판 준비를 미리 알리지 못했던 담임 때문에 그 반이 매우 곤란했었던 일이 있었다. 요즘은 학부모도 감독 보조로 복도에서 도와주고 있는데, 준형이 어머니가 마침 그 근처에 있다가 그걸 보았었다. 그때 이후로 중요한 행사가 있기 전날에는 담임에게 꼭 확인하는 습관이 생겼다. 그렇게 함으로써 담임은 더 자신을 미덥게 여길 것이라고 생각하면서……

그리고 이왕 학교일을 돕는 김에 이런 식으로 담임을 도와주면 학급에 도움도 되고 담임도 좋아하지 않겠는가 하는 생각으로 기분이 으쓱하다.

🎨 선생님 기분은 이렇지요

교사들은 대체로 누가 참견하는 것을 싫어한다. 성장과정이나 직무 성향과 관련이 있는데, 교사들은 비교적 모범생인 학창 시절을 보냈기 때문에 스스로 알아서 잘하는 것은 기본이다. 스스로 알아서 잘하려는 사람들이 싫어하는 것이 바로 누가 지시를 하거나 시키거나 간섭하는 것이다.

그런데 준형이 어머니는 이미 담임이 다 알아서 알림장에도 적어주고 아이들에게도 신신당부한 일을 이런 식으로 꼭 다시 챙긴다.

처음에는 담임도 학부모가 이렇게 자상하신 분도 있나 하고 고맙게 생각했었다. 그런데 여러 번 거듭되다 보니 고마운 생각보다는 성가시다는 느낌이 들고, 마치 어린아이 취급받는 느낌이 들어 기분이 별로 안 좋다.

📖 학부모는 이렇게 하고 싶어요−부정적 선택

지금 기분이 나쁜 사람은 학부모가 아니라 담임이다. 처음에는 고맙던 일이 지금은 간섭받는 느낌이 들고 성가시다는 생각까지 든다. 이렇게 기분이 나쁠 때 어떻게 그 마음을 학부모에게 전할지 담임으로서도 여간 답답한 일이 아니다. 더욱이 학교운영위원회 위원까지 하는 학부모라 평상시 학교 일에 쏟는 정성을 생각하면 소홀히 대할 수도 없어서 선배교사인 옆 반 담임에게 하소연했는데 너무나 쉽게 말을 한다. "딱 잘라 말해요."

'간섭하지 말라고 어떻게 딱 잘라 말하지? 그렇게 할 수는 없어. 차라리 뭐라고 말하면 좋을지 조언을 구할 걸 괜히 하소연을 한 건가?'

담임은 선배교사의 말을 들으니 자신이 하고 싶던 속말을 대신해 주는 것 같아 시원하긴 했지만, 그렇게 할 수는 없는 자신이 더 답답했다.

❓ 이렇게 하면 어떨까요−긍정적 선택

어느 학급이나 담임의 마음에 부담을 주는 역할을 하는 학부모는 있게 마련이다. 그럴 때 속으로만 마음을 끓이고 있으면 담임의 스트레스는 어떻게 해결할 것인가?

일단 준형이 어머니가 신경을 써 주는 일은 고마운 일이다. 그것까지 부정할 수는 없다. 그러니 경계선을 넘은 부분은 정중하게 인정해 주면서 담임의 생각을 전하도록 하는 것이 낫다.

"여러 가지로 신경을 써주서서 고맙습니다. 그런데 제가 이미 처치한 일인데 어머니의 당부말을 들으니 제가 마치 어린 아이 취급받는 느낌이 드는군요. 필요하면 제가 조언을 구하겠습니다. 이젠 이렇게 안 하서도 되겠습니다. 그동안은 감사했습니다."

이렇게 말하고 마음 끓이지 않는 것이 낫지 않을까? 쉽지 않은 일이긴 하지만.

🏫 학교현장을 이해해 볼까요

학부모는 담임교사를 나이로 평가하기도 한다. 경력이 얼마나 되었는지, 결혼은 했는지, 자녀는 있는지……. 이런 것에 관심을 두는 이유는 담임이 얼마나 내 아이를 잘 이해하고 지도해 줄 수 있는지와 직결된다. 특히 경력이 짧은 교사일 경우 이런 식으로 참견을 하는 학부모들 때문에 부담을 갖는다. 경력이 어려도 학급운영에서 크게 서투르지는 않다. 왜냐하면 학교는 멘토링 제도가 잘 되어 있어서 선배교사의 지도와 안내를 받으면서 보조를 맞추도록 하기 때문이다. 동학년 전체가 함께 진행해야 하는 일에 학급별 차이가 없는 것은 동학년 단위로 모여서 의논과정을 거치며 보조를 맞출 것을 합의하기 때문이다.

공자의 말씀 중 '君君臣臣父父子子'를 늘 생각하면서 사는 것이 지혜로운 일이라 생각된다. 학부모는 학부모답게 교사는 교사답게! 교사를 존중하여 부담을 주는 일은 하지 않는 것이 자녀에게 도움이 되는 일이다. 물론 교사도 학부모를 존중해야 함은 말할 것도 없다.

또 하나, 요즘은 교사도 '감정노동자'로 보는 경향이 있다. 교사는 아무리 화가 나고 억울해도 고객(학부모, 학생)을 생각해서 참아야 하는 서비스직으로 본다는 말이다. 그런데 교사의 화는 곧바로 아이들에게 갈 위험이 있어서 주변에서 도와주어야 한다. 도와준다는 말은 교사의 입장과 처지를 이해하고 배려하면서 학부모도 절제할 부분을 찾아야 한다는 것이다.

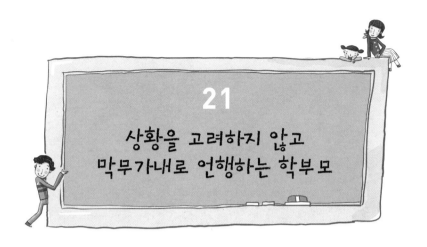

21

상황을 고려하지 않고
막무가내로 언행하는 학부모

김 교사는 회화강사로서 경력도 꽤 된 베테랑 교사다. 영어 전용실을 고학년에게 양보하고 4학년 교실을 순회하며 가르친다. 김 교사는 성품도 차분하고 아이들과 소통도 잘하여 교사 역할이 적성과 딱 맞는다고 주변에서 인정받고 있다.

그런 김 교사가 4교시에 황당한 전화를 받았다.

수업이 이미 시작되었는데, 담임교사 책상 위의 전화벨이 울렸다. '급한 교내 연락인가?' 하며 수화기를 들고, "네, 교과 시간입니다." 하려는 찰나, "야, 담임 바꿔!" 흥분한 목소리가 들려왔다." "네? 지금 교과 수업 중인데요." "상관없고~ 담임 바꾸라니까!"

김 교사는 어이가 없어서 "담임선생님은 여기 안 계십니다!" 하고 전화기를 내려놓았다.

　김 교사는 이 황당한 상황을 어떻게 이해해야 할지 몰라 잠시 마음을 진정시켜야만 했다.

　'뭐, 이런 기본 교양도 없는 학부모가 다 있어!' 하고 생각하며 아이들을 둘러보았다. 한 아이 자리가 비어 있는 것만 확인하고 겨우 수업을 마친 후, 교실을 나오다가 복도에서 마주친 담임교사에게 그 상황을 이야기했다.

✏️ 학부모 기분은 이렇지요

　아침에 갑자기 딸이 열이 나서 병원에 가느라고 학교에 미리 연락을 못했다. 그런데 4교시가 될 때까지 담임으로부터 아무런 연락이 없자 갑자기 화가 났다.

　'학부모 총회 때 약속한 건 뭐야? 학급 아이들을 최우선으로 생각하며 학급 운영을 한다더니, 아이가 학교에 안 간 것도 모르고 있단 말이야?'

아침에는 병원에 가느라고 정신이 없다가, 이제 집으로 돌아와 약을 먹여 눕혀 놓고 나니 한창 공부할 교실이 떠오르면서 슬슬 화가 났다. 담임은 남자인데 수화기에서 들려오는 목소리가 젊은 여자 목소리라서 순간 학생이 받는 줄 착각했다.

홧김에 나오는 대로 말하다 보니 쏘아붙이는 투가 되었던 것이다.

🎨 선생님 기분은 이렇지요

수업 중에 걸려 온 전화에서 반말로 명령하다시피 "야, 담임 바꿔!"란 말을 들은 교과 교사가 얼마나 황당했을지는 굳이 말할 필요도 없다.

기분대로라면 수업이고 뭐고 그만두고 담임교사를 찾아가 이 상황에 대해 의논을 하고 이 부모가 누구인지 이 반의 학부모가 맞는지를 찾아보자고 하고 싶었다. 하지만 아이들과 수업 진도를 생각해서 참기로 했다.

이런 상황에서도 내 감정을 표현 못하고 금방 표정을 바꾸고 수업을 진행해야 하니 어쩔 수 없지만, 매우 속상하다. 학부모 때문에 나빠진 기분을 아이들에게 풀 수는 없는 노릇이니 혼자서 속을 끓이는 일이 점점 늘어간다.

'요즘은 교사도 감정노동자라고 하는 말이 실감 나는구나. 학부모들은 왜 이렇게 막무가내일까?'

📖 학부모는 이렇게 하고 싶어요-부정적 선택

딸은 아프고, 아침에 서둘러서 병원도 다녀와야 하고 정신없는 하루를 시작했다. 진료를 마친 후, 집에 와서 한시름 놓고 보니 아이들은 지금 한창 수업에 열중할 것 같은 교실모습이 떠오른다. 그래도 그렇지, 개인적인 기분대로 그것도 수업 중에 전화를 해서 상대방이 누군지도 확인도 안 하고 이렇게 한 것은 부끄러운 선택이다.

딸의 빈자리가 덩그러니 쓸쓸할 것 같다.

'도대체 담임은 알고 있는지 모르는 건지, 전화 한 통화 먼저 해주면 안 되나? 학부모 총회 때 느꼈던 인상과는 다르네?'

섭섭한 마음을 갖고 학교 번호를 돌렸다.

'왜 또 연결은 바로 안 되는 거야?' 슬슬 짜증이 나기 시작하던 차에 겨우 연결이 되었는데 여자 목소리가 들린다. 순간 그 반의 여학생이라고 착각하고 무대포로 말을 했다. 담임이 교실에 없다니까 더 화가 난 엄마는 결국 화를 다스리지 못하고 무례한 행동을 해 버렸다.

? 이렇게 하면 어떨까요-긍정적 선택

아침부터 벌어진 상황이 마음의 평정을 잃을 만하다고 본다. 딸은 열이 나고 아프지, 학교로 연락은 안 되지, 담임과 얼른 통화는 하고 싶지……. 그러다 보니 담임이 전화를 안 하는 것까지 야속하게 생각이 된 것이다. 이런 상황일 때 실수하기 쉽다.

화가 난 상황일 때는 모든 것을 자제해야 한다. 극단적인 상황일 경우, 3초 정도는 정지(stop!)를 할 필요가 있다. 전화를 하는 것도, 누굴 만나는 것도, 판단을 하는 것도. 3초 후에 말을 하거나 행동을 하면 실수가 적다.

일단 딸이 약을 먹고 쉬고 있으니 그래도 다행이라고 생각하고 이런 전화는 자제했더라면 좋았을 것을……. 사람은 언제나 후회가 뒤에 오는 것이 문제다.

이 학부모는 이번 실수를 통해 귀한 교훈을 얻었다.

'내 기분대로 상황을 무시하고 아무 때나 전화하지 말아야겠다.'

🏫 학교현장을 이해해 볼까요

누구나 화는 낼 수 있으나, 화를 잘 다스리느냐 그렇지 못하냐는 본인의 선택이다. 무엇을 선택하느냐에 따라서 본인의 인격 형성에 심각한 영향을 미칠 수도 있다. 화를 잘 내는 사람은 그것 때문에 결국 인간관계에도 문제가 생기게 된다.

아주 드물긴 하지만, 이렇게 무례하게 기분에 따라 자기 할 말만 하고 전화를 끊는 학부모가 더러 있다. 그 잠깐의 상황 때문에 아무 상관 없는 교과 교사만 몹시 기분이 나빠졌다. 교과 교사는 이 학부모와 아무 관계가 없는데, 학부모의 무례한 언행으로 잠깐이지만 마음에 평정을 잃게 되었다.

교사의 기분이 나쁘면 누가 가장 손해가 되겠는가?

학부모가 수화기를 들기 전에 꼭 확인해야 할 몇 가지가 있다.

- 이 전화를 지금 꼭 해야 할 만큼 급한 것인가(수업시간인지 확인해야 할 필요 있음)?
- 지금 내 기분은 평안한가(요점을 정리해서 논리적으로 말하기 위해 필요한 정서)?
- 이 전화를 함으로써 혹시 나중에 발생할 다른 문제는 없을까?

또한 학부모는 반드시 아이의 수업시간표를 알고 있어야 한다. 그래야 전화하는 시간이 담임의 수업시간인지, 교과 시간인지, 특별활동 시간인지 등을 참고해서 실수를 줄일 수 있다.

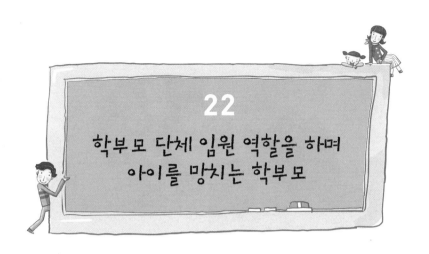

22

학부모 단체 임원 역할을 하며
아이를 망치는 학부모

📢 이런 일이 있었어요

꽤 오래전의 일이다. 학부모 대표 역할을 맡아 학교에서 거의 살다시피 하는 민석이 어머니는 교장실을 안방처럼 드나든다는 비난을 받았다. 학교에 오면 먼저 교장실에 들러서 차를 마시고 교장 선생님과 무슨 대화가 그리 많은지, 아들이 교실에서 제대로 잘하는지에 대해서는 관심 없는 듯 담임교사에게 자녀교육과 관련하여 뭘 물어보는 일이 없다. 일 년에 한 번 정도 교사들에게 전체 회식의 기회를 주기도 하는데, 그것도 교사들은 별로 좋아하지 않아서 그럴듯한 핑계를 대고 주로 빠지는 분위기였다.

당시는 다달이 치르는 월말고사가 교육활동의 중요한 부분을 차지하고 있었다. 시험을 치른 날은 아이들을 일찍 보낸 후, 교무실에 모두 모여 오직 빨간 색연필을 기계처럼 굴리는 빠른 손놀림

만이 일사불란하게 움직이는 진풍경이 벌어지는데, 지금은 볼 수 없는 모습이다.

문제는 그 자리에서 발생했다. 그리고 이 문제가 학교를 흔들 정도의 문제로 확대될지 그때는 아무도 몰랐다.

감독했던 교사가, '김 선생님, 이 아이 이거 컨닝하면서 쓴 거야. 틀렸다고 하고 싶은데, 어때요?'

그 말을 들은 담임도 워낙 민석이의 평소 행동이 산만한데다 컨닝까지 했다니 담임 입장에서 민망하기도 해서 감독자의 권위를 인정해야 하지 않을까 하고 알아서 하라고 했다.

문제는 며칠 후 시험지를 가정으로 돌려보낸 후에 일어났다. 담임은 시험지를 나눠 준 후 민석이 어머니께 전화를 드려 자초지종을 말하려 했으나, 어머니는 그럴 틈도 없이 다짜고짜 시험지를 들고 교장실로 먼저 간 것이다. 아이는 자기가 컨닝해서 쓴 것을 알고 있지만, 학부모는 알 리가 없다. 들어가자마자, 맞은 것을 틀리게 채점했다고 교장에게 항의를 한 것이다.

그리곤 그때부터 일이 꼬이기 시작했다. 노발대발한 교장은 불같이 호령하며 감독했던 교사와 담임을 교장실로 불러 몹시도 힘들게 했다. 학부모가 있는 곳에서 말이다. 평소에 바른 행동을 안하던 민석이의 컨닝 행위에 대한 교육적 지도는 사라져 버리고, 결국 이런 일까지 벌어지게 된 것에 대해 담임은 그 이후의 분위기를 감당하기가 버거웠다. 젊은 오기에 복잡한 심정이 되어 학교를 그만둘까 아니면 신문기자를 부를까 생각할 정도였다.

주변에서 적극적으로 말렸다.

"계란으로 바위치기일 뿐이야. 참아요."

"똥이 무서워서 피하진 않잖아. 더러워서 피하는 거지."

결국 감독했던 교사는 그 남편까지 찾아와서 교장에게 사과를 했고, 담임은 학년부장과 함께 교장 선생님 댁을 찾아가 노염을 푸시도록 간청을 했다. 이런 일로 제일 노심초사하며 불안하게 지낸 이는 학년부장이었다. 젊은 교사들의 배짱을 불안해하며 의기를 다독이다가 훈계하기도 했다가 동분서주했다. 선배교사의 그 모습이 송구스러워서 흥분을 가라앉혔다고 해도 될 정도였다. 어린 교사 둘(감독교사, 담임교사)은 당시만 해도 철이 없던 시기라 '이 기회에 자격 없는 교장도, 설치는 학부모도 혼 좀 나봐야 돼.'라고 생각을 하기도 했으나, 선배교사들의 말대로 계란으로 바위치기일 뿐이었다.

학년 초에 민석이 어머니는 담임에게 매우 기분 나쁜 말을 하기도 했다. 3월 초 새 담임을 본다고 찾아왔던 민석이 어머니는 자기가 찍어서 민석이 담임이 된 거라는 말까지 했었다.

'그렇게 잘나서 담임을 마음대로 고를 수 있으면 경험 많은 교사 반에 민석이를 보내지 왜 저경력인 내 반에?'

교사들 사이에서는 이미지가 안 좋아서 회피하고 싶은 1순위인 줄도 모르고 설치던 학부모였다.

✏️ 학부모 기분은 이렇지요

시험지를 받아든 순간 기분이 확 나빠졌다. 민석이가 공부를 썩 잘하지는 못했으므로 백점 맞기를 바라지는 않는다. '하지만, 이건? 답은 분명 맞았는데?' 틀린 문제를 하나하나 살펴보다 보니 잘못 채점한 것이 발견된 것이다. 그 옆에는 체크 표시까지 해 놓고서.

'감독 선생이 누구야? 내가 누군데, 우리 아들이 누군데, 감히 우리 아들 시험지를 잘못 채점해?'

자초지종을 알아볼 필요 같은 건 아예 없다. 당장 학교에 가서 따져야겠다고 생각한 민석이 어머니는 그 즉시로 시험지를 들고 교장실로 달려간 것이다.

📺 선생님 기분은 이렇지요

평소 민석이의 생활습관이 어수선하고 산만해서 늘 부담이 되고 있었다. 학교활동을 열심히 하시는 분의 자녀가 매사 모범적이면 담임의 마음도 편하다. 하지만 민석이는 그렇지 못하니까 어떤 때는 안타까운 마음이 들기도 했다. 더욱이 학부모 단체의 임원 자녀인 경우에는 교사가 소신 있게 지도하는 것이 어려울 때도 있다.

'차라리 저렇게 학교에 와서 잡담할 시간에 집에서 아들 단속이

나 좀 잘하지. 공부도, 행동도 한참 뒤떨어지는데…….'

이런 생각들을 할 정도로 민석이 어머니에 대해 좋게 생각하지 않고 있는데 또 컨닝까지 하다니……. '어린 것이 어떻게 그런 생각을 했을까? 결국 이 아이가 학급 망신을 대대적으로 시키고 있네.' 이 일로 전교 선생님들이 주목을 하고, 일부 교사들은 "잘 터졌네. 김 선생, 잘해 봐! 힘내요."라고 응원하는 말까지 하는데, 이 분위기 참 부담스럽다.

결정적인 잘못이 발견된 이 기회에 민석이의 무질서한 습관도 고치고 가정지도를 잘해 주기를 바라는 마음이 있었다. 그러나 순진한 마음을 비웃듯 사태가 점점 험악해지니 담임도 감당하기 힘들어졌다.

'이게 교육계가 맞나? 교장은 저렇게 하는 것이 옳은가?'

학년 초에 교실에 와서 "내가 교장 선생님에게 말해서 우리 반 담임이 되게 해 달라고 특별히 부탁했어요."라는 민석이 어머니의 으스대던 말이 원망스러웠다. 속으로는 '내가 널 찍었다. 그래서 네가 2학년 담임을 할 수 있는 거다.'라는 말이었겠지.

담임은 저절로 고개가 설레설레 흔들어졌다.

📖 학부모는 이렇게 하고 싶어요 – 부정적 선택

'부모는 멀리 보라 하고, 학부모는 앞만 보라 한다.'

공익광고였던 이 구절을 '부모는 참된 교육을 할 수 있는 주체이지만, 학부모는 왜곡된 교육을 하는 주체'를 의미하는 것이라고 해석했다(서울대학교 학부모정책연구센터).

민석이 어머니 역시 학부모다.

'내가 이 학교에서 얼마나 중요한 위치인데 그걸 일개 교사가 몰라 봐? 적어도 난 교장을 상대하지, 조무래기 선생들은 상대하지도 않아. 그럴 필요도 없어. 당장 이 잘못 채점된 시험지를 들고 교장에게 가서 감독 선생을 혼내 주도록 해야겠다. 아직도 내가 얼마나 힘이 있는 존재인 줄 모르다니……'

'담임도 괘씸하네. 어떻게 이렇게까지 되도록 우리 아이에게 신경을 안 썼단 말이야. 제대로 가르치긴 한 거야? 학년 초에 내 덕분에 저학년 담임을 하는 건 줄 알라고 못을 박았는데, 나를 무시하는 행동 아니야?'

이런 저런 생각들로 분해하며 교장실로 달려갔다.

❓ 이렇게 하면 어떨까요─긍정적 선택

다음과 같이 생각하고 행동했더라면 어땠을까? 민석이가 가져온 시험지를 보니 잘못 채점한 것을 발견했다. 민석이가 어떤 생각을 해서 이런 답을 썼는지 우선 물어본다.

"민석아, 이 문제 정답이 뭐라고 생각하지?" 이렇게 질문하고 보면 민석이가 바로 알고 있는지 모르고 있는지 확인이 가능하다. 그런 후에, "그런데 이상하네. 네가 정답을 맞게 썼는데, 선생님은 왜 틀렸다고 했을까?"라고 물어본다. 민석이가 감독 선생님에게 몇 번 주의를 받았던 것을 기억하며, "사실은 보고 썼어요."라고 말하면 상황 끝이다. 그런데 아이들은 거의 그렇지 않다. 자기는 맞게 썼다는 것만 강조하여 부모에게 인정받고 싶은 심리가 있는 것이다.

이런 과정을 거친 후에 먼저 담임에게 그 상황에 대해 물어봐야 한다. 이런 순서로 했더라면 문제가 이렇게 커지지는 않았을 수도 있다.

이렇게 하면 민석이에게도 도움이 되고 학교를 흔들지도 않았고, 지혜로운 선택이 되었을 텐데……. 그리고 조금만 더 기다렸다면 담임의 전화도 받았을 텐데 말이다.

🏫 학교현장을 이해해 볼까요

시험을 본 후에는 어느 학부모나 성적을 받아올 날을 간절히 기다린다. 어떤 학부모는 기다리지 못해 미리 담임을 찾아와서 정보를 알아가기도 한다. 그러나 이런 역할은 바람직하지 않으므로 기회의 균등을 생각하며 참고 기다려야 한다.

이 일과 관련하여 몇 가지를 정리해 보면 다음과 같다.

❶ 부모 때문에 아이가 피해를 볼 수도 있다

평소 아이가 제대로 된 행동을 하지 않고 교사의 지도를 무시하는 행동을 하면, 교사는 가정의 분위기를 의심한다. 혹시 집에서 은연중에 담임교사를 무시하는 말을 주고받는 것을 아이가 자연스럽게 듣지 않았을까 하고 짐작한다. 집에서 인성교육을 제대로 할 시간과 마음의 여유를 못 갖는 어려운 가정의 아이들은 오히려 교사가 안타깝게 생각하여 학교에서 생활교육을 한다. 하지만 시간 여유도 있고 경제적인 여유도 있으면서 집에서 제대로 인성교육을 하지 않고 방치한 경우에는 다르다.

자녀가 교실에서 잘 적응하고 있는지, 배우는 내용은 잘 따라가는지, 무엇이 부족한지, 올바르게 자라고 있는지 등에 대해 담임교사와 긴밀하게 의논을 해야 한다. 엉뚱하게 학교의 최고 관리자인 교장만을 상대하면서 담임의 의견이나 권위는 무시하는 이런 학부모는 담임교사에게는 인기가 없다. 인기는 고사하고 담임에게는 부담스러운 존재일 뿐이다.

어떻게 교사가 그럴 수 있을까 하고 생각하기도 하겠지만, 담임도 사람이다. 내 반의 아이에 대해서는 내가 가장 잘 알고 싶어 하는 심리를 이해해야 한다. 그만큼 내 반 학생에 대한 책임과 애정이 강한 것이라고 이해해야 한다.

❷ 학교의 모든 구성원과의 관계는 자녀를 중심으로 맺어진 관계다

학부모 입장에서 볼 때 자녀와 가장 가깝고 밀착된 관계는 담임교사다. 대개의 학부모는 이런 일에 대해 상식적으로 알고 있지만, 더러 엉뚱한 행동을 하면서 주변으로부터 질시를 받는 학부모도 있다. 담임교사는 뒷전이고 교장·교감만 상대하는 것을 학부모 역할로 착각하는 학부모는 생각을 얼른 바꾸어야 한다. 특히 학부모 단체 임원 중에서 그런 학부모들이 더러 있다. 학부모 역할 중 가장 중요한 것은 자녀에게 관련된 모든 문제는 담임교사와 먼저 상의하는 것을 가장 우선으로 생각하는 것이다. 또한 이런 맥락을 잘 이해하는 교장이라면 무엇이든지 담임교사와 먼저 의논하도록 학부모에게 조언을 해 주어야 한다.

❸ 관계에서 중요한 것은 거리다

모든 인간관계는 일정한 거리를 유지해야 한다. 학부모 중에서는 담임이나 교장과 매우 친하다는 것을 과장하기 위해 허세 부리

듯 하는 학부모도 있다. 일반 사람들과의 관계에서도 지나치게 가까이 오거나 지나친 친절을 베푸는 사람과는 오래갈 수 없지 않던가? 교장과 학부모 단체의 임원, 학부모와 담임교사의 관계는 아이를 바르게 잘 교육하기 위한 관계 외에 다른 어떤 것도 끼어들면 안 된다.

필자가 교사들에게 강조하는 것은 '불가근 불가원(不可近 不可遠)'이다. 지나치게 가깝지도 멀지도 않은 관계로 지내라는 것이다.

❹ 성장하는 과정을 참고 기다려주어야 한다

시험에서 가장 옳지 않은 태도는 컨닝이다. 이것을 방지하려고 가림판도 준비하고 감독도 바꾸는 것이다. 그런데 2학년짜리가 벌써 컨닝을 한다니 어이가 없을 만하다. 그러나 생각을 바꿔 보면 이 아이는 컨닝의 심각성까지는 미처 생각을 못하고 그저 궁금하니까 별 뜻 없이 옆 짝의 시험지를 넘겨다 보고 그대로 따라서 쓴 것뿐일 수 있다. 감독교사가 보기에 몇 번 제지를 해도 말을 안 듣고 계속 그러니까, 결정적인 순간에 "넌 이거 틀린 거야!" 하고 말한 것이다. 평소 안 좋았던 이미지까지 한몫하다 보니 사태가 여기까지 온 것이다.

시험은 참된 실력을 알아보기 위한 자기진단의 과정이고, 이것도 교육의 한 과정이다. 이런 부적절한 행동을 한 아이가 아직 어린 2학년인 것을 감안하여 끝까지 친절하게 가르쳐 주고 끝났어야 더 교육적이지 않았을까 생각해 본다.

⑤ 전화를 먼저 했더라면……

담임교사는 학부모가 시험지를 보고 의아하게 생각할 즈음에 전화를 하리라고 생각했지만, 성격이 급한 민석이 어머니는 시험지를 보자마자 교장실로 달려갔다. 문제는 항상 간발의 시간차로 벌어질 수 있음을 알게 하는 일이다.

만일 민석이가 시험지를 가지고 가기 전에 먼저 전화를 해서 자초지종을 알렸다면 감독교사도 이해받고 오히려 민석이가 그런 행동을 해서 담임을 신경 쓰이게 한 것에 대해 사과를 받았을지도 모른다. 하지만 그때는 공중전화 시절이기도 했고 또 이렇게 화를 내며 교장실을 찾으리라곤 생각도 못했었다. 지금과 같은 상황이라면 바로 전화할 수 있지만.

교사는 상황 판단을 잘해서 전화하는 시점을 잘 선택해야 하는 것도 필요한 일이다.

⑥ 부모는 아이의 말을 무조건 믿지 말아야 할 때도 있다

시험지를 나눠 주고 관찰해 보면 가끔 답을 고쳐서 들고 나오는 아이들이 있다. 그러곤 자기 것이 잘못 채점되었다는 것이다. 담임은 채점 과정에서 이미 그 아이의 점수와 틀린 것까지 기억을 하고 있는데 말이다. 고친 글자색이 다르기도 하고 빨간 색연필 자국이 지우개로 지우는 과정에서 퍼졌는데도 거기까진 미처 생각을 못하는 순진한 녀석들이다.

시험지를 받고 나서 아이들이 가장 두려워하는 것은 부모의 꾸중이다. 부모의 꾸중이 두려운 아이들은 하나라도 더 점수를 올리기 위해 이런 일까지 하는 것이다. 그리고 집에 가서는 애써 자기를 변명한다. 선생님이 자기 말을 안 믿어 준다고 또는 자기는 맞게 썼는데 잘못 채점되었다고.

이때 부모는 거짓말을 하지 말라고 다그치거나 심하게 혼내지 말고 다음과 같이 말해 주면 어떨까?

"점수도 중요해. 그러나 네 실력이 정직하게 드러나는 것이 더욱 중요해. 엄마는 내 아들(딸)이 정직한 점수를 받아 올 때 가장 기뻐."

이 사례는 필자가 직접 경험한 것이었다. 지금으로부터 35년 전의 일이니 아마도 민석이는 40대 중반의 가장이 되어 있을 것이다.

경험이 적은 초임 교사들이 교육 현장의 비합리적인 분위기에 타협하기 힘들어 바로 잡아보고자 작은 몸짓을 했던 일이다. 그러나 하룻강아지 범 무서운 줄 모르는 행동이었음을 생각하며 오랜 시일이 지난 지금 피식 웃음이 난다. 정말로 계란으로 바위치기였다.

아마도 내게 좋은 교장의 모델이 많았다면 생각이 달라졌을지도 모른다. 당시는 교장이라는 위치가 막강하였고, 더욱이 인간적인 교장은 찾아보기 어려웠다. 교장이 되면 평교사 때의 가치관이나 신념이 확 변하는 것인지 모르지만.

초등학교 6학년 때 만났던 선생님이 좋아서 교사의 꿈을 키웠는데 이렇게 정년까지 교사를 하게 된 과정에 특별한 학부모와의 갈등 사례가 기억이 나서 정리해 보았다. 정년을 몇 달 앞둔 지금, 이런 불합리하고 비교육적인 일들은 이제 교육 현장에서 거의 찾아볼 수 없다. 우리나라가 경제적으로, 사회문화적으로 수준이 향상되었음이 확인되어 감사하다.

23

상담하러 와서 자기방어만
하는 학부모

 이런 일이 있었어요

　4학년 민준이는 1학년 때부터 유명했던 아이다. 선생님들 표현
으로는 '별을 달고 온 아이'다. 워낙 전교에서 유명했던 아이라 학
년이 올라갈 때마다 그렇게 별칭이 붙은 것이다.

　민준이의 행동 특성은 수업 중에 교실 밖에서 돌아다니기, 자기
책상을 교실에서 아무데나 끌고 다니기, 자기 마음에 안 들면 주
먹으로 상대방을 치기, 한참 교사가 설명하는 중에 이상한 소리내
기 등이다. 이런 일들이 수업을 심각하게 방해해서 교사를 매우
힘들게 한다. 어쩌다 민준이가 결석하는 날이면 그 날은 마치 교
실이 천국 같다고 아이들도 표현할 정도다.

　담임교사는 학부모 상담 주간에 온 민준이 어머니에게 상담을
받아볼 것을 권유했다. 마침 학교에 위클래스도 있고 교육청 차원

에서도 위센터가 상설 운영되고 있으니 민준이의 증상이 더 심각해지기 전에 상담을 받도록 권유한 것이다.

그런데 어머니는 의외의 반응을 보였다.

"1학년 때 가 봤어요. 그런데 효과가 없었어요." 하고 딱 잘랐다. 그러면서 자기 이야기만 늘어놓았다.

"사실은 못난 남편을 만나…… 그래서 어쩔 수 없이 민준이를 낳고 결혼식도 못하고 여태 살고 있어요. 아주 나쁜 사람이에요." 민준이 어머니는 남편에 대해 서슴없이 흉을 보았다. 그것도 담임 앞에서!

민준이 어머니의 이야기를 들어주느라고 30분이 넘게 걸렸다. 이야기의 요점은 재수 없게 한 남자를 만난 것이 지금 이 지경이 된 것이고, 민준이보다는 자기가 더 피해자이며, 민준이 때문에 도망가지 않고 사는 것만으로도 자기에게는 더 이상 기대할 것이 없으니 부담주지 말라고 오히려 부탁을 한다.

민준이 어머니는 한 남자를 잘못 만나서 족쇄를 찼다는 피해의 식을 가지고 살아가는 학부모다. 아들을 사랑하는 본능적인 모성 애로 나름 정성을 다해 키우기는 했는데, 결혼식도 못 올리고 사 는 자신이 때로 원망스럽기도 하고 처량하기도 하다.

시댁과 친정의 눈치를 보느라고 숨죽이며 살 수밖에 없었다. 당 당하지 못해서 태교도 편안하게 못했다. 열정적인 사랑이 식고 나 니 원수라고 생각되어 치고 받고 싸움도 잦았다. 남편의 돈벌이도 시원치 않아 어떤 때는 현장학습비도 못 낼 정도다. 남편에 대한 불만과 미래에 대한 불안으로 화도 났다가 우울하기도 했다 가……. 이런 분위기 속에서 그나마 민준이를 희망으로 삼으려 하 는데 늘 속을 썩인다는 말이 들리니 화만 난다.

'누굴 의지하랴. 그런데 민준이 이 녀석이 새 학년이 되었어도 온갖 말썽을 다 부리는 모양이네. 지 애비 닮았나?'

'선생님의 관심도 이젠 귀찮아지네. 그냥 신경 쓰지 말고 내버 려두라고 해야겠다. 지금 민준이를 지켜주고 밥해 먹이는 일만으 로도 내 할 일을 다 하고 있으니 더 이상 내게 다른 역할을 바라지 말라고 말하고 싶다. 내 속상한 심정은 어디다 풀까?'

🖼️ 선생님 기분은 이렇지요

어머니의 말을 듣고 보니 딱하기만 하다. 한 여자로서의 삶이 참으로 기구하고 안쓰럽다. 순간의 선택이 평생을 좌우한다는 말 이 딱 맞는 상황이다. 태교는 생각도 못했을 테고, 사랑스러운 아 이는 주위로부터 관심도 못 받고 키웠을 것이다. 아마도 사랑을 못 받은 아이라서 그렇게 거친 행동을 하는지 모르겠다. 남편이 가장으로서의 자기 책임을 다하지 못하니 얼마나 불안정한가? 어머니가 정서적으로 안정이 안 되었으니 아이의 정서는 얼마나 또 불안할까! 아이 좀 잘 돌봐줘서 학교에 와서 남에게 피해 주는 행동을 하지 말라고 부탁하고 싶었는데, 그런 부탁을 할 만한 상황이 아니다. 오히려 뭔가 도와주고 싶어진다. 지역사회 전문가에게 알아봐서 어떤 서비스를 받을 수 있을지 알아 봐야겠다.

담임은 처음의 의도와는 달리 민준이 어머니의 어깨를 토닥이며 힘을 내라고 말해 주고 싶어졌다.

📖 학부모는 이렇게 하고 싶어요−부정적 선택

민준이 어머니는 민준이를 걱정하는 담임의 말을 들으니 갑자기 속상한 일들이 줄줄이 생각났다. 자기가 아들을 잘못 키워서 그렇다고 할까 봐 자기 이야기를 먼저 꺼냈다. 꺼내고 보니 의도하지 않게 길어졌다.

일단 담임의 위클래스 활용 제안을 거절했다. 1학년 때 한 번 가 본 것으로 성과가 없다고 너무 성급하게 생각한 것이다. 그리고 거기 가게 되면 다른 아이들이 "너 정신이 어떻게 된 것 아냐?" 하고 놀리는 것 같다고 민준이도 가기 싫어한다. 또한 엄마 역할은 먹이고 재워 주는 것이 전부이며, 자기 정도만 해도 민준이를 최선을 다해 기르고 있는 것으로 생각한다. 이런 상황에서 이혼도 안 하고 가출도 안 한 자신은 민준이를 위해 할 일을 잘하고 있다고 생각해서 위클래스 제안을 즉시 거절했다.

⑦ 이렇게 하면 어떨까요-긍정적 선택

상담이란 꾸준히 관계를 맺을 때 효과가 있다. 그렇기 때문에 민준이를 위클래스에 보내 보고, 긍정적인 기대를 가지고 꾸준히 인내를 가지고 기다려야 한다. 양육환경이 불안전하여 지금의 무질서한 생활습관이 형성되었으니 학교에서 권유하는 것은 거절하지 말아야 한다. 좋은 기회가 될 것인데…….

위클래스에서 근무하는 상담교사와 꾸준히 상담하다 보면 또 다른 길이 보이고 도움도 받을 수 있다. 4학년이란 시기는 고학년의 시작으로 차츰 부모의 돌봄을 벗어나면서 친구관계가 깊어지는 시기다. 이때 바른 생각과 바른 행동을 하도록 바로잡아 주는 역할을 해야 하는데, 부모 혼자는 힘드니 상담교사의 도움을 받으면 훨씬 어깨도 마음도 가벼워질 것이다.

상담하다 보면 길이 보일 것이라는 믿음을 갖고 민준이를 지도하도록 협조해야 한다. 행동, 정서, 습관, 정신 등에 문제가 있는 아이를 도와주기 위해 설치되어 있는 위클래스와 위센터 등을 최대한 활용하는 것이 민준이 어머니가 선택할 최선의 길이다.

🏫 학교현장을 이해해 볼까요

'부모에게 귀한 자녀, 교실에서도 귀한 내접받도록 하자.'

왜 교실 상황이 강조되는가? 교실 안에는 다양한 개성, 성격 및 습관이 다른 아이들이 모여 있다. 그러한 아이들을 상대해야 하는 교사에게는 어떤 기대가 있을까? 성격이 원만하여 아이들과 잘 어울리고 좋은 습관을 가져 규칙과 질서를 잘 지키며 교사의 가르침에 순종하는 아이들은 무척 고마운 아이들이다. 반면 규칙과 질서

164　통통 튀는 학부모와 당황한 교사

를 무시하며 교사의 가르침을 거역하고 아이들과 좌충우돌하는 소수의 아이들 때문에 교사는 피곤하다. 이런 아이들이 교실에 2~3명 정도만 있어도 수업 진행이 어렵다. 교사도 힘들지만, 열심히 공부하려는 다른 아이들에게 방해가 된다. 그렇다고 말 잘듣는 아이들은 예쁘고, 그렇지 않은 아이들은 미울까? 그러면 교사 노릇을 오래 못한다. 그렇지 않은 아이들을 이해하고 타일러서 그들이 바른 행동을 하게 되면 보람을 느끼게 되고, 그 아이가 더욱 사랑스러워지기 때문에 교사노릇을 할 수 있다.

실제로 엄격한 벌칙이 있어도 현실적으로 적용하기는 쉽지 않다. 벌칙을 인정하고 두려워하는 자세가 기본적으로 준비되어 있어야 하는데, 막무가내인 아이들에게는 아무것도 효과가 없다.

딱 하나! 끝없는 사랑과 인내심이 효과는 있는데, 교실 상황에서 실천하기가 어렵다. 돌발적인 행동을 해도 즉시 제지하기 어렵고, 사랑과 인내로 보살피려면 수업을 중단하고 그 아이만 상대해야 한다. 그렇게 되면 수업받기를 기다리는 다른 아이들에게 많은 피해를 주게 된다. 그렇다고 체벌을 옹호하는 것은 아니다.

'학생인권조례' 제정 이후 체벌이 사라지면서 대화로 행동수정을 하도록 하는 기술이 현장에서 늘어나고 있다. 결국 교사의 생활지도 역량이 향상되는 긍정적인 발전이 있었다. 물론 그 즈음 몇 년 동안 과도기를 겪는 교사들의 고충은 말로 표현할 수 없을 정도로 힘들었다. 학생이 교사를 때리고, 학부모가 교사를 폭행하고 고소하고, 이러한 분위기 속에서 많은 교사들이 희망을 잃고 교단을 떠나기도 했다.

그래서 학부모의 협조가 절대적으로 필요하다. 필자는 몇 년 전에 특별한 아이가 수업을 방해하는 행동을 자주 해서 더 이상 다른 아이들에게 피해를 주면 안 되겠다는 생각에 어머니를 교실에 모셔 놓고 수업을 하기도 했다. 이 특별함은 상담과 치료를 받아야 한다. 현재 위기 학생의 학교 적응을 돕기 위한 상담 프로그램은 개별 학교에는 위클래스, 지역교육청에는 위센터, 대안학교 개념인 위스쿨이 준비되어 있다.

다음은 2014년 1월 28일자 국민일보 쿠키뉴스에 실렸던 기사 중 일부다.

Wee 스쿨 · 센터 설립… 서울도 위기 학생 복교(復校) 돕기 팔 걷었다

학생 위기 정도에 따른 Wee 프로젝트 운영 프로그램

	Wee 클래스 · Wee 센터			Wee 스쿨	
	월	화	수	목	금
단기 심화교육 (1주일~3개월)	재학 학교에서 정규교과 수업 심리검사 및 상담 · 특별교육 프로그램 등			감정코칭, 모험상담, 수련활동 등	
장기 대안교육 (3개월~1년)	Wee 스쿨				
	국민공통 기본교과 33.3% 대안교과(인성 · 진로 교육, 문 · 예 · 체 교육 등) 60.6% 창의적 체험활동 6.1%				

(출처: 서울시교육청)

우리 아이들의 행동양상을 어떻게 이해해야 할까?

그럴 때마다 필자는 로버트 딜츠(Robert Diltz)가 말한 '인간행동

정체성

비전

신념/가치관

능력

행동

환경

이해의 6레벨'을 떠 올린다.

현재 아이가 눈앞에 보이는 행동은 지금까지 양육받은 가정환경, 즉 부모의 양육방식, 부모의 양육철학, 양육태도 등에 의한 산물이다. 행동이 거듭되면 능력이, 능력이 거듭되면 신념이나 가치관이, 신념이나 가치관이 거듭되면 비전이 되고, 종국에는 그 사람의 정체성(identity)이 완성된다는 설명이다. 그러니 출발은 가정에서의 부모 역할에서부터 시작된다. 그 부모의 어떠함이 그 자녀의 어떠함을 말해 주는 셈이다. 오죽하면 메리 고든의 『공감의 뿌리』(2010)에서는 부모를 '유력한 용의자'라고 표현했을까? 자녀의 문제행동에 대한 책임을 질 사람은 부모라는 말이다.

한편 이 상황에서 학부모의 방어심리는 왜 작용할까? 민준이 어머니는 자신의 선택에 대해 늘 주위로부터 핀잔을 들었고 책임져야 하는 부담으로 마음이 편치 않았을 것이다. 결혼 상대자를 선택하는 것에서부터 지금까지의 삶을 선택하고 그 결과를 수용해야 하는 부담으로 주눅 든 삶을 살았을 것이다.

거기다 선생님 앞에 오게 되면 뭔가 엄마로서 혼나야 될 것 같은 분위기를 느꼈을 수도 있다. 이것은 민준이 어머니가 학창 시절 교사와의 관계가 어땠었는가와도 관련이 있다. 그런 심정이 복합적으로 작용하여 자신을 합리화하고 변명하면서 자기보호 심리가 작용하여 자기방어를 하는 것이다. 이렇게 이해가 되지만 민준이 어머니도 상담을 받으며 힘을 기르고 어머니 역할을 새롭게 할 수 있지 않을까?

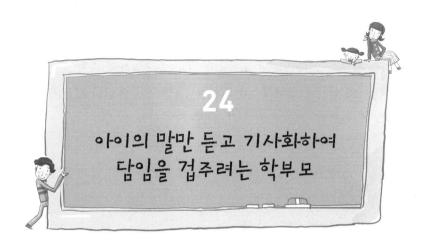

24

아이의 말만 듣고 기사화하여 담임을 겁주려는 학부모

이런 일이 있었어요

김 교사의 학급에는 주 2회(화, 목) 아침활동 중 하나로 이루어지는 3분 말하기 시간이 있다.

아이들의 발표 실력을 기르기 위해 해마다 학년 수준에 맞게 하는 활동인데, 효과를 보고 있다. 3분 동안 친구들을 집중시키려면 적절한 주제를 찾고 그것을 구성하는 연습을 해야 한다. 주제 선정이나 구성을 할 때는 친구들의 관심을 끌어내고 호기심을 자극할 만한 것을 찾아야 한다. 그리고 또 재미있게 구성해야 한다. 처음에는 어색하고 쑥스럽게 생각하지만, 몇 달이 지난 지금 아이들의 말하기 실력은 처음 보다 많이 좋아졌다. 3분 말하기는 이런 효과를 기대하면서 김 교사가 적극적으로 시도하는 활동이다.

오늘 차례인 시훈이가 교탁 앞으로 나왔다. 그런데 바로 시작을

안 한다. 아이들이 "빨리 해."라고 몇 번 다그쳐도 싱글거리기만
할 뿐 시작을 안 한다. 담임교사가 "1교시 수업하러 과학실에 가
야 하니까 얼른 시작해라."고 했건만, 그래도 안 하더니 결국 수업
시작 종이 치고 말았다.

담임은 화가 났다. '자기 차례인데 안 하면 다음 시간까지 영향
이 미칠 거 모르냐? 아침 이 바쁜 시간에 왜 시간을 그렇게 끌고 있
는 거냐?' 아무 반응이 없자 드디어 담임이 말실수를 했다.

"이시훈! 안 하려면 꺼져!"

아이들도 보통 때와는 다른 담임의 이 한 마디에 갑자기 조용해
졌다.

"한두 번 한 것도 아니고 여기 나와서 시간을 끌면 안 되는 것은
잘 알 텐데! 다들 복도에 나가서 과학실 갈 준비나 해라."

하루 종일 기분이 나빴던 시훈이는 집에 오자마자 말했다.

"엄마, 담임이 나보고 꺼지래!"

"뭐? 자세히 말해 봐!"

"나보러 꺼지랬다니까!"

"담임이 너한테 그런 말을 했단 말이야?"

시훈이 어머니는 기가 막혔다. 저녁에 남편이 귀가하길 기다렸다가 시훈이가 한 말을 그대로 옮겼다. 남편도 듣자마자 반응했다.

"그런 선생이 있단 말이야? 아이들에게 어떻게 꺼지란 말을 해? 그런 선생 자식이 있다니!"

"몰라! 짜증나!"

시훈이는 자기 방문을 쾅 닫고 들어갔다.

시훈이 어머니와 아버지는 거실에서 "그런 선생은 혼 좀 나봐야 돼. 어떻게 남의 집 귀한 자식에게 꺼지라고 말해?" "당신이 기사를 한번 써 봐요."라는 등 어이없어하며 분한 마음으로 여러 생각을 주고받았다.

시훈이 아버지는 모 신문사 기자다.

🏫 선생님 기분은 이렇지요

6학년 아이들이 요즘 부쩍 말썽이 늘고 담임 말을 잘 안 들어서 가뜩이나 아침 출근 발길이 무겁다. 오늘 수요일의 아침 과제는 조용히 독서하기인데, 이상하게 교실이 시끌벅적하다. 무슨 이야기가 공통 화제였는지 '수지' 이야기가 여기저기서 크게 들린다.

'너희들, 모두 제자리로 돌아가! 그리고 시간되면 오늘 아침 3분

대화 순서인 이시훈 나와!' 담임은 첫 시작부터 기분이 언짢았다.

1교시 시작 10분 전이 되자 시훈이가 앞으로 나왔다. 그런데 나왔으면 말을 시작해야지 뜸을 들이면서 시간을 끌고 있다. 1교시에 과학실에 가야하는데, 부담이 되고 마음이 바빠졌다. 아이들은 채근을 하고 담임은 빨리 시작하라고 독촉을 해도 시훈이는 변화가 없다. 담임은 슬슬 화가 난다.

'왜 이 아이까지 속을 썩이는 거야. 아침부터 기분이 안 좋은데 너까지 왜 그러냐?' 홧김에 "야, 꺼져" 하고 나니 좀 후련해지는 듯싶었다. 심한 말이다 싶었지만, 이 상황까지 벌어지도록 한 건 네 탓이라고 생각하며 잠시 혼자 있고 싶어 아이들을 빨리 과학실로 보냈다.

조용한 교실에 혼자 앉아 커피를 마시며 '이따가 시훈이 오면 마음을 풀어줘야겠다.'고 생각을 하는 참이다.

📖 학부모는 이렇게 하고 싶어요-부정적 선택

아들로부터 선생님이 꺼지라고 했단 말을 듣고 화가 나지 않을 부모는 없을 것이다. 세상에 귀한 내 자식이 뭘 어쨌길래 꺼지라니!

이 말을 부부가 함께 나누니 점점 분한 마음이 상승된다. 남편은 기자 정신이 발동된 듯, "안 되겠어. 담임이 어떤 사람이야? 이번 기회에 정신 좀 차리게 해 줘야겠어. 요즘 선생들이 막 한단 말이야. 기사 써야겠다." 하며 컴퓨터 앞으로 간다.

시훈이 어머니는 남편이 크게 흥분하니 자기 기분도 좀 나아지는 듯 했으나 기사화되고 나면 혹시 부작용은 없을지 또 걱정이 된다. 하지만 한다면 하는 성격의 남편이라 말릴 수는 없다. '괜히

남편에게 말했나?'

은근히 신경이 쓰인다.

❓ 이렇게 하면 어떨까요−긍정적 선택

시훈이로부터 담임이 꺼지라고 했다는 말을 들은 어머니는 기분이 몹시 나빴다. 도대체 어떤 상황에서 그런 말이 나올 수 있는지 의아할 수밖에. 시훈이 어머니는 지금 아들의 기분이 몹시 나쁜 것을 알기 때문에 부모교실에서 배운 대로 우선 감정코칭을 해 주기로 했다.

"어머나, 얼마나 기분이 나빴을까? 그런 말을 듣고 참기도 힘들었을 텐데 어떻게 잘 견디었니? 우리 아들 힘든 상황을 잘 견뎌낼 힘이 있구나!"

일단 이렇게 말해서 기분을 풀게 한 다음에 시훈이에게 그때 상황을 물어본다.

"그런데 시훈아, 네가 그런 말을 들은 상황을 자세히 말해 볼래?" "아침 3분 말하기 순서에서 내가 빨리 말을 안 하고 시간을 끌었더니……."

그런 맥락을 자세히 상상해 보면 이런 생각이 들 수도 있다.

'들어보니 좀 심한 말이긴 하지만 담임이 화가 많이 났었나보네.'

이렇게 생각하면 일을 확대하지 않고 잘 넘길 수 있다.

'그래도 그런 말은 좀 자제해 달라고 기회 있으면 부탁해야겠다. 남의 귀한 자식인데……. 요즘 선생님들이 스트레스가 심하다고는 하지만 자칫 남편이 기사화한다고 고집부리면 곤란하지. 더 큰 실수를 하기 전에 담임을 만나봐야겠다.'

6학년 아이들의 사춘기 특성 행동은 교사가 감당하기 힘들 때가 많다. 그래서 교사들이 6학년은 기피하기 때문에 학교 측에서는 다양한 유인책을 내놓는다. 가장 보편적인 예는 업무를 맡기지 않는 것이다. 오로지 생활지도를 잘해 달라는 당부 차원에서다. 또한 교과 시간을 많이 배당해 주어서 오히려 수업 시수가 중학년보다 적을 때도 있다. 그 외에도 학교마다 조금씩 다르겠지만 학년 말 성과평가의 우선순위에서 고려해 주기도 한다.

그래도 아이들과 팽팽하게 기싸움 해야 하는 순간들을 견디기 힘들어서 웬만하면 안 맡겠다는 것이 현장의 분위기다. 시훈이의 담임교사는 출근해서 교실에 들어올 때 보았던 아이들의 어수선한 상황에서부터 화가 나 있었다. 왜냐하면 철썩 같이 약속한 학급의 규칙을 담임이 교실에 없다고 무시하는 행동들을 마음대로 하는 모습을 보고 실망스러웠기 때문이다.

지금 이 상황도 그런 맥락에서 이해해야 한다. 교사들은 평소에는 그런 말을 잘 쓰지 않는다. 그러나 지금은 아침부터 참고 또 참고 있던 중에 터진 말이다. 이 말을 옹호하는 것이 절대 아니다. 오해 없이 들어주길 바란다.

『회복탄력성』(2013)을 보면 '경험자아와 기억자아'에 대한 설명이 있다. 경험이 어떠하냐에 따라 좋은 기억으로 또는 나쁜 기억으로 남는다는 것이다. 비록 화가 난 순간에 심한 말을 내뱉었더라도(기분 나쁜 경험을 하게 되는 시훈이), 담임교사는 다시 시훈이를 불러 이야기해야 한다.

"시훈아, 아까 선생님이 좀 심한 말을 했지? 그 말에 많이 속상했을 거야. 평소에는 잘하던 네가 시간을 끌고 있어서 내가 화가 났었어. 미안하구나. 기분 풀거라." 하고 어깨라도 토닥여 주었더라면 시훈이의 기분이 풀어지지 않았을까(나쁜 기억자아를 지우고 그 자리에 전환된 자아가 자리함)? 이렇게 되면 부모에게까지 나쁜 기분이 전달되지는 않았을 것이다. 교사는 거의 이런 마음을 갖고 있어도 바쁘게 휘둘리다 보면 깜빡 잊는다. 아이들이 집으로 돌아간 후에야 뒤늦게 아이 기분을 풀어 주지 못한 것이 생각나지만 때는 이미 늦었다.

자녀에게 이런 말을 들었을 때 어느 학부모인들 화가 나지 않겠는가? 특히 그 내용을 그대로 전달받은 아버지는 어떻게 하든지 해결을 하려고 할 것이다. 시훈이 아버지는 기자이기 때문에 기사화를 해서 다시는 담임교사가 그런 말을 못하도록 하고 싶을 것이다. 그런데 이렇게 되면 그 교사는 매우 곤경에 빠진다. 이로 인해 손상될 교사의 자존심을 회복하는 것은 쉽지 않다.

이렇게 되면 누가 피해를 보겠는가? 교사가 맥이 빠지면 교실의 아이들도 신나지 않다. 교사가 생기가 나고 행복해야 그 행복한 생명력이 아이들에게 쏟아진다. 학부모 입장에서야 즉시 기분 나쁨을 표현하여 교사를 혼내 주고 싶겠지만, 부모의 입장에서는 무엇이 유익한지를 생각하고 또 생각해보면서 지혜롭게 선택해야 한다. 물론 그 선택에서 가장 중요한 기준은 자녀여야 한다. 자녀의 미래, 자녀의 인성, 자녀의 꿈 성취 등이다.

필자도 이 말을 부모의 심정으로 하는 것이다. 기자도 객관적인 상황을 고려하고 기사를 씀으로써 사회를 밝고 바람직하게 변화되도록 하는 데 영향을 미쳐야 한다. 기분대로 기사를 쓰는 기자는 공인으로서의 책임의식이 약할 뿐 아니라 참된 기자 정신에 어긋난다. 같은 상황이라도 보는 관점에 따라 다르기 때문에 기분이 나쁠 때는 모든 선택이나 결정을 멈추고 미루어야 하는 것이 성숙한 태도다. 감동을 주는 기사를 써서 교육에 힘을 불어넣는 역할을 기대하고 싶다.

탈무드의 한 구절이 떠오른다.

> 사람의 육체에는 요긴한 여섯 가지가 있다.
> 세 가지는 자기가 지배할 수 없지만,
> 다른 세 가지는 자기의 힘으로 지배할 수 있다.
>
> 눈, 코, 귀가 전자이고,
> 입, 손, 발이 후자다.

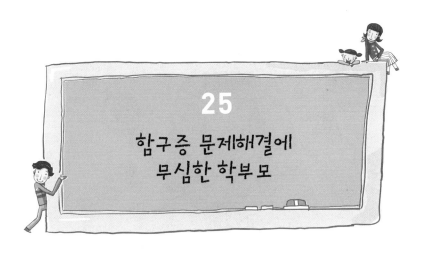

25

함구증 문제해결에
무심한 학부모

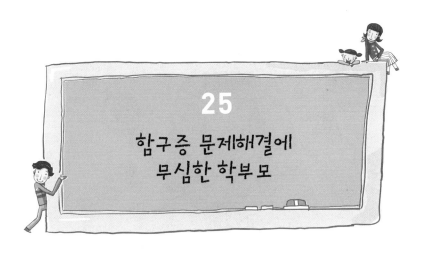 이런 일이 있었어요

금순이는 6학년이지만 학교에만 오면 아무 말을 안 한다. 새 담임이 아무리 입을 열려고 온갖 친절을 베풀어도 꿈쩍도 안 한다. 할 수 없이 작년 담임과 금순이를 아는 다른 교사들과 의논을 했다. 선생님들께 들었던 말을 종합해 보니, 3학년 때부터 말을 안 했으니 그냥 내버려두는 것이 낫다는 말만 들었다.

학부모 총회 때 마침 금순이 어머니가 오셨길래 잠깐 남으시라고 부탁을 했다. 그리고 요 며칠 동안 금순이를 관찰한 내용을 말씀드리고 나서 담임으로서 어떻게 도울 수 있을지 물어보았다. 그런데 학부모의 답변은 의외로 간단했다.

"집에서는 말 잘해요. 걱정 안 하셔도 돼요. 아마 숫기가 없어서 그럴 텐데 나아질 거예요."

　그러면서 작년 담임도 걱정했는데 큰 어려움 없이 학교생활을 잘했으니 아무 문제는 없을 거라고 태연하게 말을 했다. 3학년 때부터 말을 안 한 금순이가 내년이면 중학생이 되는데, 제발 학교에서도 말을 잘하게 되면 얼마나 좋을까?

　담임은 매우 심각하게 인식을 하고 있는 반면, 어머니는 의외로 아무렇지도 않게 반응을 하여 오히려 '금순이 엄마가 친엄마가 맞나?' 하고 생각할 정도였다.

✏️ 학부모 기분은 이렇지요

　작년에도 담임에게 똑같은 말을 들었는데, 올해도 같은 내용의 말을 듣는 것이 별로 기분이 좋지 않았다.

　'우리 딸이 말을 못하는 아이라면 걱정을 하겠지만, 집에서는 말을 얼마나 잘하는데……. 학교에서는 말을 안 한다고 하니 그건 선생님들이 해결해야 할 일 아닌가? 그냥 내버려두면 자연스럽게 할지도 모르는데 오히려 민감하게 관심을 가지는 것이 우리 딸을 더 부담스럽게 할지도 몰라. 초등학교에서도 너무 세심하게 관심을 가지는 것이 좀 귀찮았는데……. 얼마 안 있으면 중학교에 가니 그때 가면 관심이 좀 덜 하겠지. 일단 올해 담임은 우리 금순이가 말 안 하는 것을 알게 되었으니 따로 면담할 필요는 더 이상 없겠다.'

말을 잘하는 아이를 데리고 자꾸 말을 안 한다고 하니 금순이 어머니는 답답했다. '학교에서 발표를 안 하는 것이야 속상하기는 해도 때가 되면 하겠지…….' 하는 생각으로 느긋하게 생각하고 싶은 부모의 마음이다.

🏫 선생님 기분은 이렇지요

담임교사는 걱정이 되었다.

'세상에, 말을 안 하다니……. 그것도 1학년도 아니고 6학년인데…….'

가끔 그런 아이들이 있다는 것은 들었는데, 우리 반에 있는 것은 처음이다. 그래서 관련 서적을 찾아보았다. 금순이와 같은 증상을 '선택적 함구증'이라고 했다.

학생들에 대한 애정이 각별한 담임교사는 금순이의 증상을 매우 심각하게 생각하였다. 그래서 인터넷을 통해 여러 정보를 수집한 후 마침 어머니가 오신 김에 제일 시급한 상담 대상으로 여겨 말씀을 나눈 것인데, 정작 어머니는 너무나 태연하다. 어머니도 딸의 문제를 심각하게 생각하면 전문상담을 받아보도록 안내할 참이었다. 그래서 이 초등학교 마지막 과정에서 이런 증상을 해결하고 중학교에 올려 보내야 내 할 일을 다 했다고 할 수 있을 텐데, 어머니는 아무렇지도 않게 말을 한다.

'가정에서 협조를 안 하니 아무래도 내 역할이 더 무거워질 듯하다.'

📖 학부모는 이렇게 하고 싶어요–부정적 선택

금순이가 3학년 때부터 말을 안 하기 시작한 것을 생각하면 꽤 오래된 증상이다. 금순이 어머니는 그 문제에 대해 이제 관심을 안 가지려 애써 노력한다. 3학년 때 담임으로부터 처음 그 말을 들었을 때는 좀 심각하게 받아들였다.

'하지만 우리 딸이 전혀 말을 못하는 것이 아닌데, 왜들 이렇게 부담을 주는지 모르겠다. 집에서는 의사소통에 아무런 문제가 없는 아이인데 졸업반인 지금까지 똑같은 이야기를 들으니 걱정보다는 이젠 귀찮은 생각까지 든다.'

금순이는 집에만 오면 동생과 함께 집이 떠나갈 듯이 큰 소리로 뛰어 논다. 가끔 친구들도 불러서 잘 어울려 놀기 때문에 전혀 걱정할 것이 없는 아이다. 어머니가 걱정하는 것은 다만 방과 후에 학력향상 반에 가는 창피한 일만 없었으면 하는 것이다.

❓ 이렇게 하면 어떨까요–긍정적 선택

해마다 말을 안 해서 걱정이란 말을 선생님들로부터 들어 왔기 때문에 이젠 그러려니 한다. 하지만 다르게 받아들였다면 어떨까?

지금은 6학년이다. 그래서 다른 학년 때와는 다름을 인식해야 한다.

새 담임은 이전의 담임들로부터 "금순이는 말을 안 하는 아이니까 그렇게 이해하세요."라는 말을 듣고 크게 신경을 안 쓸 수도 있다. 하지만 친절하고 다정한 담임선생님의 본성으로 신경을 안 쓸 수 없다. 담임은 '말을 안 하다니! 본인은 얼마나 답답할까?' 하는 안쓰러움을 갖고 부모와 협력하여 함구증 증상을 사라지게 하고 싶은 심정이다.

그런 담임의 심정을 짐작한다면, 다음과 같이 말할 수 있을 것이다.

"글쎄, 저도 걱정이에요. 이제 곧 중학생이 될 텐데……. 선생님, 어떻게 하는게 좋을까요? 그렇게 되면 "학교에서 저는 이렇게 할 텐데 집에서는 이렇게 해 주세요."라는 역할분담의 말이 오가며 매우 생산적인 대화가 진행될 수 있을 것이다.

🏫 학교현장을 이해해 볼까요

❶ 선택적 함구증에 대한 이해

선택적 함구증 증상은 초등학생인 경우 주로 교사에 의해서 발견된다.

구강구조에 문제가 있거나 기능에 이상이 있어서 말을 안 하는 것이 아니라 말 그대로 선택적인 장소나 사람 앞에서만 입을 다물어버리는 것이다. 어떤 교사는 어떡하든지 말을 시켜 보려고 노력하지만, 그런 노력은 오히려 도움이 안 된다. 부담을 주면 아이는 심리적인 압박감에 의해 점점 더 입을 다물어 버린다.

흔히 교사들은 질문에 대답을 안 하고 입을 꾹 다물고 있으면 태도가 안 좋다고 오해를 할 수 있다. 그렇게 되면 그 태도를 고쳐 주려고 갖은 노력을 하는데, 그 노력이 아이를 더 힘들게 한다. 이 것은 태도의 문제가 아니라 일종의 정신병리이자 불안장애이기 때문에 치료를 받음으로써 해결될 수 있다.

❷ 왜 교사가 그렇게 관심을?

수업은 대부분이 언어활동으로 진행된다. 교사가 말하고 아이 들은 듣거나, 아이들이 말하고 교사나 다른 아이들이 듣거나, 질 문에 답을 하거나, 책을 읽거나……. 그러면서 생각하고 이해하 고, 다짐하고 깨닫고 하는 일들이 수업의 주요 활동이다. 그리고 이런 활동에 모든 아이가 골고루 참여해야 수업이 활성화된다.

그런데 말할 순서가 되어도 말을 안 하고, 물어도 답을 안 하고, 질문은 말할 것도 없고, 친구들과 소통도 안 하고……. 이러니 담 임 마음이 편할 리가 없다.

말을 안 하게 되면 교실에서 어떤 상황이 벌어질지를 부모는 생 각해 볼 필요가 있다. 부모는 아이가 집에서는 말을 잘하니까 크 게 걱정은 안 할 수도 있으나, 교사로서는 아이가 수업활동에 전 혀 참여를 안 하게 되니 걱정이다. 담임교사는 이렇게 말을 안 하 는 아이를 모른척하고 그냥 내버려둘 수가 없다. 더욱이 아이가 점점 뒤처지게 되고 학력도 떨어지게 되니 학력향상 반에 보낼 수 밖에 없다.

❸ 함구증 아이와 의사소통하기

의사소통은 꼭 말로만 하는 것이 아니다. 이 아이와 생각을 주고받는 공책을 따로 마련해야 한다. 교사나 아이들은 말로 해서 듣게 하고 그 아이는 생각이나 의견을 공책에 쓰도록 하면 된다. 듣는 것은 아무 문제가 없으니 그런 활동을 통해 아이의 생각이나 의견을 존중해 주거나 인정해 주는 피드백을 줄 수 있다. 아이가 마음이 아주 편안해지고 주변에 자기를 위협하는 아무런 방해물도 없고(사람, 사물) 안전하다고 느낄 때 아이는 자연스럽게 입을 열 수 있다.

❹ 부모의 역할

담임교사로부터 연락을 받기 전에 미리 알려드리는 것이 낫다. 학년이 바뀌거나 새로운 환경이 될 때 아이는 적응하느라고 더욱 심각한 스트레스를 받을 수 있다. 그런데 담임이 그 아이에 대한 사전지식이 없으면 출석을 부를 때 대답을 크게 하라며 부담을 줄 수 있다. 때문에 미리 알려드리라는 것이다.

그러려면 부모가 선택적 함구증에 대해 이해하고 있어야 한다. "넌 왜 학교에서 말을 안 하니? 말할 줄 알면서 왜 그래?" 하는 식으로 채근해 봐야 아무런 도움이 안 된다. 그저 마음을 편안하고 즐겁게 해 주고 주위에 배려심이 많은 친구들을 집으로 초대해서 자녀와 친하게 지내도록 관계망을 형성해 주는 것이 도움이 된다.

또한 빠른 치료를 위해서는 전문상담가를 찾아가 전문적인 치료를 받도록 해야 한다. 경제적인 부담은 있겠지만, 함구증에서 끝나지 않고 왕따를 당하거나 무시당하면서 아이의 자존감에 손상을 가져올 수 있다. 이렇게 되면 춥고 어두운 학창 시절, 상처와 아픔의 추억이 많이 남게 된다. 그러기를 바라는 부모는 아무도 없을 것이다.

❺ 글쓰기를 통해 자존감 키워 주기

아동기에 반드시 확인해야 할 것이 자존감이다. 자기가 소중하다는 느낌은 주변의 가까운 사람들의 피드백에 의해 영향을 받는다. 금순이 같은 경우 말을 통해서는 의사소통이 안 되지만 글로는 얼마든지 가능하다.

일기를 쓰도록 하거나 생각 교환 공책을 따로 만들어서 얼마든지 칭찬과 인정의 메시지를 줄 수 있다. 그런 활동을 통해 자존감을 확실히 인정할 기회를 자주 주도록 하자. 자기도 어쩌지 못하는 증상, 특정 장소나 사람 앞에만 가면 말이 안 나오는 증상 때문에 자존감이 떨어지지 않도록 얼마든지 돌보아 줄 수 있다.

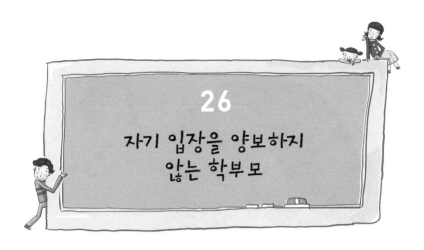

26

자기 입장을 양보하지 않는 학부모

학부모 상담 주간이다. 한 반에 26명이니 하루에 4~5명의 학부모를 상담하면 한 주에 모두 끝나지만, 여간 부담되는 일이 아니다. 김 교사는 야간 상담까지 진행해야 해서 한 주 동안은 남편에게도 일찍 퇴근하라고 부탁해 놓은 상황이다. 다행히 이번에 신청한 학부모는 19명이라 부담을 좀 덜었다.

그런데 그만 일이 생겼다. 시어머니가 수요일에 병원 진료차 아들네 집에 올라오신다고 하니 급히 상담 일정을 변경해야 했다. 그래서 수요일 야간 상담을 신청한 두 명의 학부모에게 연락을 했다. 한 분은 일정을 조정하는 대로 따르겠다고 했다. 그런데 한 분은 자기도 회사에서 어렵게 뺀 시간이라서 안 된다고 하였다. 난감했다. 시어머니를 모시고 직접 병원에 가거나 집에서 대신 아기

를 보아야 하므로 일단 야간 상담은 안 되는데 학부모도 곤란해
하니 어찌해야 좋을지 모르겠다.

그런데 더 속상한 일이 생겼다. 그것은 학부모의 다음과 같은
말 때문이었다.

"선생님 시간만 소중한가요? 제 시간도 소중해요. 이렇게 하루
전에 변경할 거면 계획은 뭐하러 세우나요? 전 더 이상 시간을 못
빼니까 이번 상담은 안 하는 것으로 할게요."

✏️ 학부모 기분은 이렇지요

해마다 학부모 상담 주간이 두 차례씩 있을 때마다 회사 일정을
변경하면서 참석하는 것이 쉬운 일은 아니다. 더욱이 회사의 팀장
이 매우 깐깐한 성격이라 꼬치꼬치 캐묻는데 짜증이 날 정도다.

이번에도 눈치를 봐 가며 겨우 일정을 잡았는데, 담임이 사정이 생겼다니 이 일을 어찌한단 말인가? 맞벌이로 바쁘다 보니 아이를 잘 챙기지 못해 상담 주간에는 안 빠지려고 꽤 신경을 썼다. 그런데 이런 상황이 생기다니…….

거기다 담임선생님은 이런 일에 대해 특별한 배려를 안 하고 미안 하다는 말 한마디 없이 일정을 조정할 수 없느냐고만 묻는다. 그것이 더 화가 난다.

'선생님 사정만 소중하고 내 사정은 아무래도 괜찮다는 말인가?'

🏫 선생님 기분은 이렇지요

선생님들도 생활인으로서 퇴근 후에는 가정과 가족을 위한 역할을 해야 한다. 며느리인 김 교사는 시어머니가 병원에 가야 하니 남편이나 자기가 분담해서 해야 할 일이 급하게 생긴 것이다. 갑자기 계획을 변경해야 해서 부담이 된다. 시어머니 관련 일을 변경할 수 없으니 야간 상담으로 계획된 학부모에게 전화할 수밖에 없다.

그런데 한 학부모는 다행히 이해를 해 주어서 고마웠지만, 다른 학부모는 이해를 안 해 주고 오히려 항의하는 듯이 말하니 섭섭하다.

'자기도 며느리 입장을 겪어 봤을 텐데 시댁 쪽의 일이 갑자기 생겼다고 하는데도 이해를 안 해 주다니, 요즘 학부모들 참 무섭네! 상담을 안 하겠다면 하지 말라지 뭐, 어차피 서비스인데…….'

김 교사는 몹시 언짢은 기분이 들었다.

상담 일정을 조정해 달라는 부탁을 받은 학부모는 가뜩이나 회사에서 눈치 보며 어렵게 잡은 일정이라 부담되고 짜증이 났다. 들어보니 담임도 갑자기 생긴 일이라 할 수 없이 연락을 하는 것 같은데, 어쨌든 화가 난다.

'다시 일정을 조정하는 일로 팀장에게 아쉬운 소리를 하기는 싫으니 이번 학부모 상담은 하지 말아야겠다.'

맞벌이로 바빠도 학부모 상담만큼은 꼭 참여하려고 작정하고 그동안 지켜왔는데, 담임 사정으로 못하게 되다니 참 운이 나쁘다는 생각이 들었다. 그런 기분으로 전화를 받았으니 아무래도 학부모의 기분 나쁜 느낌이 그대로 담임에게 전달되었을 것이다.

'자기 책임이지. 뭐 내 잘못은 아니야! 설마 학부모 상담 안 했다고 아이에게 불이익을 주는 것은 아니겠지.'

❓ 이렇게 하면 어떨까요–긍정적 선택

직장생활을 하는 학부모의 경우 학부모 상담을 하려면 직장에서의 일정 조정이 쉽지만은 않을 것이다. 거기다 담임으로부터 갑자기 연락을 받았을 때 당황하게 되는 것은 이해가 간다. 상담 일정을 잡을 때 회사 팀 내에서 오갔던 말들도 생각나서 더 부담이 되었을 수도 있다. 그런 상황에서 담임의 전화를 받으니 기분은 안 좋았을 것이다. 하지만 다음과 같이 말을 했더라면 어땠을까?

"어쩔 수 없군요. 저도 그런 상황일 때가 있는데 이해해야지요. 그런데 제가 다시 일정을 잡을 수는 없는데 어쩌면 좋지요?"

그러면 이 상황이 담임 사정으로 인한 변경이나 취소이기 때문에 담임만 미안한 마음을 가지게 된다. 그리고 전화 상담을 하는 등 다른 방법을 모색했을 것이다.

🏫 학교현장을 이해해 볼까요

일정 변경을 하루 전에 알렸더라도 직장을 가진 학부모 입장에서는 부담이 될 수 있다. 이런 상황은 어쩔 수 없이 일어날 만한 일이다. 살면서 무슨 일이 생길지는 아무도 모른다. 이런 상황이 생기고 보면 급작스러운 일이 발생하지 않고, 일상생활이 평범한 듯 지속되는 것이 정말로 감사한 일임을 깨닫게 된다.

이 경우 담임은 미안한 마음을 최대한 전달하는 것이 학부모에 대한 예의이고, 학부모는 황당하기는 하겠지만 그 사정을 이해하는 응답을 함으로써 담임의 곤란한 상황을 도울 수 있다.

"어머니, 죄송해서 어쩌지요? 저희 시어머님이 갑자기 병원에 가셔야 해서 내일 예정된 학부모 상담을 미룰 수밖에 없게 되었어요. 죄송합니다. 다른 날 잡으시면 제가 시간을 내겠습니다."

"저도 갑작스런 연락을 받으니 당황이 되는군요. 회사 일을 조정하느라고 겨우 시간을 낸 것인데 아마 다른 날을 또 잡기는 곤란할 듯해요. 아쉽지만 편히 집안 일 보시고 저는 다음 기회를 기대해 볼게요."

이렇게 되면 학부모의 기분이나 생각도 완곡하게 전달이 되었고, 담임은 매우 고마워할 것이다. 아울러 좋은 관계가 유지되고 서로 좋은 이미지도 갖게 될 것이다.

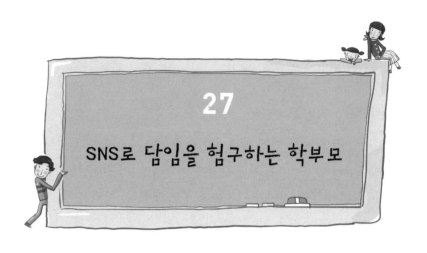

27

SNS로 담임을 험구하는 학부모

이런 일이 있었어요

아이를 처음 입학시킨 선미 어머니는 학부모 노릇을 어떻게 해야 할지 몰라서 궁금한 것 투성이다. 그러던 차에 몇몇 엄마들이 의견을 모아 채팅방을 개설했다. SNS로 의견을 주고받으니 뭔가 답답했던 마음이 없어지고 소외되는 기분도 사라졌다. 알림장에 궁금한 내용도 서로 물어보면 금방 답이 오고, 급식 관련 문제도 올리면 금방 답이 오니 참 편리했다.

그런데 언젠가부터 담임에 대한 불만 내용이 슬그머니 올라오기 시작했다.

'아이들을 너무 기다려주지 않고 다그친다, 교실에 늦게 들어온다, 쌀쌀맞다, 옷이 너무 우중충하고 유행이 지났다 등등.' 이런 내용들이 올라오면 몇몇 학부모들이 너도나도 공감을 표현하며

이상한 분위기가 형성된다. 선미 어머니는 이런 분위기를 기대한 것은 아닌데 탈퇴를 하자니 너무 표가 나고 동조하자니 친정엄마도 교사였는데 영 마음이 불편하다.

✏️ 학부모 기분은 이렇지요

처음에는 궁금한 것들이 많아서 채팅방에 참여했다. 첫 아이다 보니 여러 가지가 불안했다. 둘째 아이를 입학시킨 학부모들은 왠지 여유가 있고 느긋해 보였다. 그래서 자신만만해 보이는 학부모들에게는 '언니'라고 부르며 가까이 하려고 노력했다. 그렇게 하다 보니 자기가 줄을 잘 섰다는 생각이 들면서 차츰 마음이 놓였다.

그런데 요즘 채팅 분위기가 좀 이상하게 돌아간다. 그리고 점점 이건 아니다 싶은 생각으로 마음이 무겁다.

'내가 줄을 잘 못 선 것일까?'

📋 선생님 기분은 이렇지요

1학년 학부모들은 대개 처음에는 서로서로 서먹하게 느끼는 분위기다. 이 분위기가 대개 3월 한 달 동안 이어지다가 교실청소나 다른 학교 행사에 참여하기 시작하면서부터 서로 소통을 시작한다. 동네도 서로 알게 되고 아이들 이름도 알게 되면서 왕래도 하고 모여서 차도 마신다. 그런데 확실히는 모르지만 젊은 엄마들의 분위기가 약간 이상한 것이 느껴진다.

"채팅 봤어? 여태 안 봤어? 한번 들어가 봐."

그런 이야기들을 주고받다가 담임이 지나가면 자기들끼리 눈짓을 하는 것이 느껴진다. 이런 분위기가 별로 기분 좋지는 않다. 하지만 물어본다는 것도 유치하고 믿을 수 있는 학부모도 없어 신경 쓰지 않으려고 한다. 학부모들과는 불가근불가원의 원칙을 지켜야하기 때문에.

📖 학부모는 이렇게 하고 싶어요–부정적 선택

선미 어머니가 선미를 입학시키고 나니 첫 경험에서 오는 신선함과 흥분됨, 뭔가 학부모 역할을 잘하고 싶다는 마음가짐, 거기다 어떻게 하는 것이 학부모 역할을 잘하는 것인지 알 수 없는 불안감에 차 있을 때 채팅방은 시의적절한 해결이었다. 그런데 학부모들과 가까이 하다 보니 좀 지나치다는 생각이 드는 순간이 있다. 하지만 자칫 잘못 이야기를 꺼냈다가는 혹시 왕따를 당할지도 모른다는 생각에 동조하는 입장을 선택했다. 마음은 편치 않았다.

친정어머니가 교사였기 때문에 선미 어머니는 교사의 고충을 잘 이해한다. 어머니는 학부모들의 요구, 아이들의 요구가 점점 늘어나서 주관을 갖고 학급 경영을 해 나가기가 쉽지 않다는 하소연을 자주 했었다. 그럴 때마다 스트레스를 받아 힘들어하시던 친정어머니 생각이 난다. 결국 그런 스트레스를 더 이상 안 받겠다고 명예퇴직을 하셨다. 내가 직접 학부모가 되어 보니 교사의 입장이 참 곤란할 때가 많겠다는 생각이 들었다. SNS 대화에서 담임을 험구하는 말은 하지 말자고 학부모들에게 이야기해야겠다고 생각했다.

"우리, 아이들을 가르치는 선생님이 들으면 기분 나쁠 이야기는 하지 맙시다. 아이들을 더 잘 키울 수 있는 정보만 나누는 방으로 했으면 좋겠어요."

말하고 나니 비로소 마음이 후련해졌다.

학교현장을 이해해 볼까요

❶ 젊은 학부모 이해하기

학부모의 연령이 점점 낮아지고 있다. 젊은 학부모들의 소통문화는 젊은 세대들의 특성을 드러내고 있다. 요즘 젊은 세대를 특징 지우는 말로 IP(instant partnership) 세대란 말이 있다. 즉흥적인 인간관계를 맺는 것을 말한다. 과거처럼 정, 의리, 평생 우정을 바탕으로 하는 관계가 아니라 실용을 중시하고 능력으로 사람을 평가하여 내게 도움이 될지 안 될지 계산하며 관계를 맺는다.

이런 현상은 사회변화와 맥락을 같이 한다. 좁아지는 취업문, 스펙 중시 사회에서 나타나는 당연한 귀결이다. 이제 뒤늦게 인성을 중시하여 회사에서도 면접과정에서 반영한다고 하지만, 인성 형성의 과정을 생각하면 서투른 시도란 생각이 든다. 치열한 경쟁에서 남을 떨어뜨려야 내가 선택이 되는 상황에서 인성을 기대하기 쉽겠는가? 성과를 내기 위해 실력 있는 동료를 팀에 끌어들이려고 노력하지만 프로젝트가 끝나면 더 이상의 인간관계는 이어지지 않는다. 점차 공동체 의식, 가족의식, 끈끈한 정은 찾아보기 힘들다.

젊은 학부모들에게서도 이런 변화가 있다. SNS로 의사소통하고, 부모의 직업을 보고 유력한 학부모에게 가까이 하려 하고, 그것을 확인하려는 양 아이들 생일잔치는 근사한 레스토랑을 빌려 이벤트 회사에 의뢰하고……. 서울의 강남에서 벌어지는 이야기를 들으면 '이래도 되나? 이 끝은 어디일까?' 하는 생각이 든다.

IP세대와 기성세대의 차이		
IP세대	영역별	기성세대
온라인 중심	공간	오프라인 중심
제한적	기한	영구적
많음	대상	적음
합리성, 실용성 강조	방식	끈끈함 강조
잦은 이동 치열한 경쟁 강조	성장 환경	한곳에서 계속 성장 공동체 의식 강조

출처: 이종환 교수의 수업카페

'선생 똥은 개도 안 먹는다, 선생님 그림자도 밟지 않는다, 군사부일체', 무슨 신화 같은 말을 하는가 하겠지만, 불과 30여 년 전 만해도 들을 수 있던 말이다. 교사는 속을 많이 썩이는 힘든 직업이란 의미와 교사의 권위를 인정해야 한다는 의미가 담긴 말이다.

한 여름이 되면 생각지도 않았는데 슬그머니 얼음이 동동 뜬 냉미숫가루를 누군가 타와서 동학년이 나누어 먹던 시절이 있었다. 참으로 고맙고 순수한 마음이다.

그러나 요즘은 아예 그런 기대를 하지 말아야 한다. 요즘 학부모들도 눈코 뜰 새 없이 바쁘다. 맞벌이를 하느라 바쁘고, 간혹 한부모 가정이나 요보호가정을 꾸려 가느라고 생존 문제가 급하고 혹시 시간 여유가 있더라도 냉수 한 컵으로 인한 오해를 받기 싫어서 아예 신경도 쓸 수 없다. 이런 저런 사정을 이해하고 오히려 학부모를 도울 마음을 가져야 교사가 의연하게 일할 수 있다. 또 실제로 학부모의 요구가 많아 그렇게 하는 교사들이 늘고 있다.

교사와 학부모 사이에 말에 의한 실수를 줄이고 신뢰를 쌓을 수 있는 『매직워드』(2014)의 한 예를 소개하고자 한다.

"아이 곁에 항상 담임교사가 있다고 생각하고 말씀해 주세요. 저도 아이 옆에 부모님이 계시다고 생각하고 말을 하겠습니다." → 말조심의 필요성을 강조할 때 쓰는 말

"너희 훌륭한 부모님이 그렇게 말했을 리가 없어." → 엄마가 숙제하지 말래서 안 했다고 변명하는 아이에게 쓰는 말

❸ 인성이란 무엇인가

이쯤해서 인성에 대해 한번 짚고 넘어가고 싶다.

인성을 규정하려고 하니 성격, 성품, 태도, 행동 등이 떠오른다. 인성은 사람의 성품 또는 각 개인이 가지는 사고와 태도 및 행동 특성이라고 말할 수 있다. 여기서 왜 성격이라 하지 않고 성품이라 했을까?

성격과 성품의 차이는 무엇일까? 성격은 태어날 때부터 가지고 있는 사고 또는 행동 패턴으로 안정적이고 지속적으로 나타나는 고유한 속성이라고 말할 수 있다. 그러니까 유전적이고 기질적이어서 평생 동안 바뀌지 않고 유지하는 개인의 기본 틀이라고 할 수 있다. 반면 성품은 다른 사람의 입장과 처지를 고려하여 자신의 고유한 성격을 조정하는 것을 말한다. 이것은 깨달음이나 훈련에 의해 길러지는 것으로 타인과 함께 잘 어울리기 위해서 꼭 필요한 요소라고 할 수 있다.

그렇다면 인성은 '개인의 고유한 성격을 조절하여 다른 사람들과 원만하게 잘 어울리기 위해 필요한 덕 있는 성품이나 태도 및 행동 특성'이라고 말할 수 있겠다.

인성은 가정에서 길러진다. 부모의 말과 행동 및 살아가는 모습을 보면서 삶의 가치관을 형성하게 되고, 이것이 태도 및 행동으로 나타난다. 말로 깨우치는 것도 중요하지만 본보기(모델링)가 되는 것이 확실한 효과가 있다. 그래서 부모의 말, 행동 하나하나는 극히 조심스러운 것이다.

필자는 수 년 동안 좋은 성품 지도에 관심을 많이 기울여 왔다. 도움받을 곳을 찾아보니 좋은 성품 사이트도 있어서 많은 참고가 되었다. 그리고 6학년을 대상으로 지도해 본 결과 그 효과도 매우 좋았다. 6학년을 데리고 설득력 있게 다가가기 위해서는 교사가 먼저 좋은 모델이 되어야 하는 부담감은 있었으나 그만큼 보람은 있었다.

수업시간에 적용되는 상황을 한 예로 들어 보겠다.

인내의 정의는 '좋은 일이 이루어질 때까지 불평 없이 참고 기다리는 것'이다. 이것을 배운 후에는 다음과 같이 적용하면 안성맞춤이다.

수업시간에 방관이가 계속 잡담을 한다. 처음 몇 번은 눈짓을 주지만 그래도 멈추지 않을 때는 방관이와 다른 친구들을 위해 개별지도를 해야 한다.

> 교사: 방관아, 선생님이 지금 방관이를 보고 인내하고 있단다. 인내가 뭐지?
>
> 방관이: 참는 거요.
>
> 교사: (그 정의를 알고 있는 다른 아이에게 협조를 구한다) 그런데 인내란 단순히 참는 것이 아니고 '좋은 일이 이루어질 때까지, 불평 없이'라는 말이 꼭 들어가야 해.
>
> 그럼, 지금 선생님이 바라는 좋은 일은 뭘까?
>
> 방관이: 제가 잡담하지 않고 선생님 설명을 잘 듣는 것이요.
>
> 교사: 그렇지. 방관이가 그렇게 할 때까지 선생님은 불평 없이 참고 기다릴게.

이렇게 되면 금방 상황이 마무리된다.

더 이상 방관이는 잡담할 수 없고, 인내하는 모습을 보여 준 교사는 모델링을 잘한 것이고, 아이들은 인내가 필요한 상황을 확실하게 경험하게 된 것이다. 이것이 바로 동형관계(isomorphic relationship)다. 태도 교육은 이렇게 상황과 언어를 일치시킬 때 비로소 효과가 있다.

'좋은나무성품학교'에서 선정한 12가지 좋은 성품을 참고로 해서 필자의 의견을 덧붙여 만든 12가지는 배려, 감사, 경청, 긍정적인 태도, 기쁨, 성실, 순종, 이해, 인내, 절제, 정직 그리고 책임감이다. 몇 년 동안 가르치면서 보니 추가하고 싶은 것은 있는데, 바로 '용기'와 '신실'이다.

> 우리 세대의 가장 위대한 발견은 한 인간이 태도를 바꿈으로써 인생을 바꿀 수 있다는 사실이다.
>
> — William James

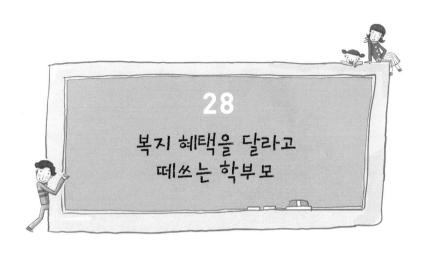

28

복지 혜택을 달라고
떼쓰는 학부모

이런 일이 있었어요

2학년 진상이 어머니는 학부모 총회 때 참석하지 못했다. 마트에서 일을 하는데 자리를 비울 수가 없어서 총회에 참석할 수 없다는 연락을 진상이의 알림장을 통해서 알려 왔다. 학년이 바뀌어 여러 가지 새로운 환경에 진상이가 잘 적응하도록 하려면 학교에 와서 담임의 학급 경영관이나 교육관을 들어야 하는데, 사정이 그렇다니 어쩌겠는가?

그랬던 어머니가 따로 편지를 보냈다. 중심 내용은 학교에서 주어지는 복지 혜택에 진상이가 빠지지 않도록 신경을 써 달라는 것이었다. 남편의 수입이 시원치 않아서 자신도 함께 벌지 않으면 가정을 꾸려 나가기가 어렵다는 것이다. 담임은 진상이네의 사정을 참고하겠지만, 다른 아이들도 어려운 가정이 또 있을 터이니

기준을 고려해서 공정하게 할 것이라고 답장을 써 보냈다.

그랬더니 진상이 어머니는 작년에도 혜택을 많이 받았는데 올해도 계속 이어서 받을 수 있도록 꼭 부탁한다고 다시 한 번 편지를 보내 왔다. 담임은 부담스러워졌다. 기회를 줄 수 있으면 다행이지만 그렇지 못할 때는 원망을 들을 것 같아서다.

✏️ 학부모 기분은 이렇지요

남편의 벌이가 시원찮아서 진상이를 남들처럼 학원에도 못 보내고 어려운 살림을 사느라고 힘이 든다. 하지만 학교에서 무료 급식 대상자로 선정해 주어 한결 도움이 된다. 거기다 가끔 현장 학습을 가는 것도 공짜이고 연극 관람도 시켜 주는 등 다른 아이들은 돈을 내고 가는 것을 진상이에게는 무료 혜택을 주니 더 고맙다. 그런 것들이 모두 복지 예산에서 쓸 수 있다는 것을 어렴풋이 알게 되었다. 그리고 도움을 받는 것을 부끄럽게 생각할 일이 아니라 당연한 권리를 누리는 것이라고 주위에서 말하는 것도 들었다. 그래서 새 학년이 올라가서도 같은 혜택을 받기 위해서는 가능한 한 담임에게 일찍 알리는 것이 낫겠다 싶어 연락을 했다.

🏫 선생님 기분은 이렇지요

학부모 총회에는 학부모들이 웬만하면 참석해야 한다. 새 담임과의 공식적인 첫 만남이기 때문이다. 사랑하는 자녀를 가르치는 담임에 대해 궁금한 것이 많을 텐데 왜 빠질까? 그런데 그 자리에 오지는 않고 복지 혜택만 챙기려하는 첫인상을 주는 진상이 어머니가 부담스럽다. 복지 혜택에 대해 그렇게 민감한 관심을 가지고 있으면 앞으로 일일이 설명해 줘야 할 일이 많을지도 모르겠다.

다행히도 사정을 미리 이야기하니 연락도 없이 안 오는 학부모보다는 훨씬 낫다. 앞으로 진상이를 잘 기억해 두어야 하겠지만 혹시라도 이 아이에게 공짜의식이 심어지지 않도록 하는 일은 부모도 깊이 생각해야 하는 일이다. 이 부분에 대해 어떤 생각을 하고 있는지 기회가 되면 의논해야겠다.

아이를 정말로 잘 키우려면 자기 몫의 책임을 다하도록 하는 것이 필요하다. 복지사회라고 말들은 하지만, 이런 부모의 모습을 보고 아이가 앞으로 공짜를 기대하고 노력은 안 하는 사람이 될까 봐 걱정이다.

📖 학부모는 이렇게 하고 싶어요–부정적 선택

학교에는 여러 기관에서 복지예산을 많이 내려 보낸다고 어디선가 들은 적이 있다. 학부모가 기대하는 만큼 그 욕구를 다 충족시켜 주기 어려운 것은 해당 학생들이 많아서라고 한다. 담임으로부터 안내를 받기 전에 먼저 부탁하는 것이 낫지 않을까 망설여지기도 한다.

하지만 우는 아기 젖 준다는 말이 있지 않는가?

'먼저 우리 진상이를 기억하도록 해야 혹시라도 기회가 있을 때 손해를 안 볼 수 있지. 아직 담임 얼굴도 못 본 상황이기는 하지만 조금이라도 혜택을 더 받기 위해서는 체면이고 뭐고 우리 집 사정을 일찍 알리는 것이 나을 거야.'

이런 생각으로 담임에게 편지를 썼다.

❓ 이렇게 하면 어떨까요–긍정적 선택

'첫인상이 중요하다는데 우리 진상이 새 담임도 만나고 학교 설명을 들으려면 학부모 총회에는 꼭 가야 하는데, 어떡하지? 못가는 사정을 미리 말씀드리면 선생님도 이해하시겠지. 이 참에 복지 혜택에 대해서도 미리 말씀드릴까? 하지만 이렇게 신경 쓰이는 일을 얼굴도 안 보고 부탁만 드리는 것은 좀 그렇지 않을까?'

오늘은 학부모 총회이고 여러 가지로 신경 쓸 일도 많을 텐데 특별히 부탁드릴 일은 나중에 따로 조용할 때 직접 찾아뵙고 말씀드리거나 편지를 써야겠다. 작년 기록이 있으니까 참고 자료는 있을 테고 또 작년 담임이 우리 사정을 전달해 줄지도 모르니까.

진상이 어머니는 일의 우선순위를 생각하며 기다리기로 했다.

학교에서 쓸 수 있는 복지예산은 교사가 마음대로 할 수 있는 일이 아니다. 복지사업 영역은 학습 영역, 심리정서 영역, 문화 영역, 복지 영역으로 나뉘어 각 영역마다 고르게 사업이 진행되어야 하며, 사업비의 집행은 프로그램 운영으로만 이루어져야 한다. 개인 지원의 경우 원칙적으로 불가하며, 꼭 필요한 지원이 있을 경우 학교 교육복지위원회의 심의를 거쳐 결정된다.

교육복지 예산을 사용할 때 모든 회계지침은 학교 회계지침을 따른다. 그리고 이렇게 돈을 쓰는 일은 결재과정을 거치고 영수증 처리를 잘해야 하는 일이라서 정확하게 진행이 된다. 학부모가 개인적으로 부탁을 해서 되는 일이 아니다.

저소득층 아이들의 수를 기준으로 해서 복지지원 특별학교로 선정이 되면 그 인원 수에 해당하는 금액을 지원받는다. 방과후 자유수강권은 2014년 서울의 경우 별도의 예산이 일인당 연간 60만 원씩 지원되고, 그 범위 안에서 자유롭게 사용하면 된다. 교육복지 사업의 경우 지원된 금액의 범위 안에서 지침에 맞게 학교 프로그램을 개설하고 복지 대상 아동에게 프로그램에 참여하도록 기회를 준다. 저소득의 기준은 의료보험공단의 보험료 산정기준을 따른다. 학급담임의 추천에 의해 복지 혜택을 조정할 수 있는 것은 아니다. 학급담임 추천에 의한 것은 교육복지 사업에 개설된 프로그램별로 본인이 원하면 담임 추천을 통해 참여가 가능하다.

학교에서는 이렇게 복지 혜택을 받는 아이들에게 특별한 신경을 쓰고 있다. 혹시나 허술한 서류 관리로 낙인(stigma)을 받지 않도록 하고 있다. 그래서 수혜 대상 아동의 이름이 드러나지 않도록 하고, 프로그램을 진행할 때도 일반 아동과 혼합반을 만들어서 하고 있다(단, 프로그램 진행 시 복지 대상 아동 대 일반 아동의 비율은 7:3 정도를 유지해야 한다).

또 하나, 간과하지 말아야 할 일이 있다.

부유하거나 가난하거나 생존에 대한 의지와 자존감은 확실해야 한다. 평생 일을 안 해도 쓸 것이 준비된 사람들도 있다. 그렇다고 일을 안 하고 소비만 할 것인가? 반면 보조를 받지 않으면 생계도 곤란한 가난한 사람들이 우리 사회에 섞여 살고 있다. 재산과 관계없이 자기 먹을 것은 직접 일을 해서 사겠다는 생각을 가져야 하고, 공짜에 대한 기대심리로 혹시 삶의 자세가 게을러지는 일은 없어야 한다. 이런 것들을 염두에 두면서 복지정책이 실현되어야 할 것이다.

낙인효과와 관련된 이야기

몇 년 전에 아주 다루기 힘든 6학년 아이들을 대상으로 특별한 프로그램('너의 끼를 펼쳐 봐' 문예체 동아리활동)을 진행한 적이 있다. 교과 교사들과 힘을 합쳐 아이들을 재미있고 신나게 해 주자는 의도로 일주일에 한 번씩 거의 한 학기 동안 온갖 좋은 내용의 프로그램을 구성해서 진행했다.

프로그램의 내용은 재밌는 게임, 동화작가 초청해서 대화 나누기(소중애 작가), 애니메이션 동화 관람(〈마당을 나온 암탉〉), 놀이동산 가기, 국립극장가기(화선 김홍도 관람), 메이킹북, 책 속의 보물찾기, 중식당 가서 짜장면 먹기, 요리 만들기 등의 프로그램을 진행하고 마무리는 북한산 대동문 등반을 통해 기상을 드높이기로 했다.

마지막 모임 때는 참석했던 아이들을 모두 모아서 소감문을 받아봤는데, 일반 아이들은 대부분이 이런 프로그램이 재미있었다고 더 했으면 좋겠다고 아쉬움을 표현했다. 그런데 특별한 아이들은 지루하고 재미없었다는 내용이 많았다. 그중에 이런 글을 보고 깜짝 놀랐다.

'우리는 찌질이들이다. 찌질이들이 문제를 안 일으키게 하려고 이렇게 해 준다.'는 식의 글! 하도 학급에서 말썽을 일으켜서 에너지를 건설적인 곳에 분산시키자고 교과 선생님들이 마음을 모았던 것이다. 마침 문예체 동아리 예산을 지원한다는 공문을 보고 교육청 예산을 지원받아 진행한 것인데 아이들은 스스로를 낙인찍었던 것이다. "너희들은 보석이야."라고 인정해 주며 진행했어도 스스로를 부인하던 아이들…… 올해 그들은 고등학교 1학년이 되었을 텐데 어떻게 변했을지 궁금하다.

처음 시작할 때는 홍보도 대대적으로 하고 희망자를 대상으로 인터뷰도 해서 엄격하게 12명의 인원을 선정했다. 심사에서 떨어진 아이들은 얼마나 아쉬워했는지 그들을 바라보는 우리 교사도 안타깝고 미안할 정도였다. 어렵게 심사해서 신청자를 받는 형식으로 출발했지만, 몇몇 아이들의 거친 행동을 견디다 못한 모범적인 아이들이 중간에 나가고 결국 처음에 의도했던 아이들이 남아서 스스로 자기들을 찌질이라고 표현하는 것이다. 그 생각을 깨 주려고 아무리 "너희들은 아주 기대되는 아이들이야, 가능성이 많은 아이들이야! 보석들이야." 하면서 진행했어도 스스로 그렇게 낙인을 찍는 것이 안타깝고 허탈했다.

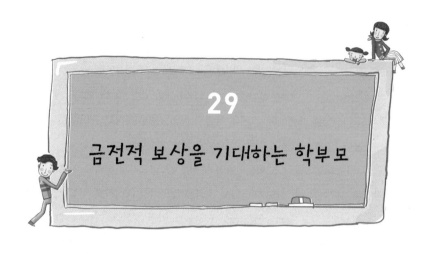

29
금전적 보상을 기대하는 학부모

5학년 철민이는 아이들과 티격태격 소소한 언쟁이나 몸싸움을 자주 한다. 점심을 먹고 운동장에서 놀다가 영민이와 이마를 심하게 부딪혔다. 그러곤 둘이 운동장에 주저앉았다. 연락을 받은 담임이 곧바로 보건실로 데리고 갔는데, 둘 다 찰과상 입은 곳을 치료하고 잠깐 침대에 누워있도록 했다. 보건교사는 혹시 토할 것 같은가를 주의 깊게 물어본 후 그렇지 않다고 하니 안정을 취한 후 교실로 가라고 일러주었다. 5교시에 영민이는 아무렇지도 않다고 교실로 왔는데, 철민이는 머리가 떵하고 어지럽다고 더 누워 있었다. 6교시 끝날 때가 다 돼도 철민이가 어지럽다고 해서 담임은 어머니에게 연락을 했다. 학교에서 있었던 일을 이야기하니까 곧바로 오겠다고 하였다. 담임과 보건교사에게 경과설명을 들었지만, 병

원에 가서 사진을 찍어 봐야겠다며 병원으로 데리고 갔다.

담임은 걱정이 되었다. '이상이 없어야 할 텐데……' 머리라서 신경이 쓰인다. 이튿날 아침, 철민이 어머니가 철민이를 데리고 왔다.

"의사선생님이 사진 찍은 결과로는 아무 이상은 없다는데 좀 더 지켜보라고 하네요." 하면서 영수증을 내밀었다. "이걸 제가 부담할 수는 없잖아요? 어제 부딪힌 아이 부모에게 전해 주세요. 그리고 앞으로도 또 다른 치료도 있을지 모른다고 말해 주세요."

담임은 순간 당황했으나, 교감선생님과 의논해서 처리하겠다고 말하고 철민이 어머니를 돌려보냈다.

오늘 재수가 없다는 생각이 든다. 아침에 밝은 모습으로 등교했는데 학교에서 다쳤다니 놀라고 속도 상한다.

'왜 하필 우리 철민이가 다칠 것이 뭐람?'

그리고 다쳤으면 곧바로 연락을 줘야지 점심시간에 다쳤는데 왜 6교시가 끝나서야 연락을 준 건지 참 어이가 없다.

'담임이 자기 자식이라면 그랬을까?' 남의 자식 귀한 줄 모르고 무심한 듯이 느껴져서 서운하기 짝이 없다. 하필 또 머리를 다쳤으니 지금 아무 이상이 없다고 한들 마음을 놓을 수가 없다.

'상대방 엄마는 왜 아무 연락도 안 하는거야? 자기 아들 때문에 우리 아들이 다쳤는데? 담임이 연락해서 병원으로라도 와서 보도록 해야 하는 것 아냐?'

철민이 어머니는 속이 상하니까 이것저것 원망 가득한 생각만 하고 있다.

'안전을 제일로 생각하며 조심해서 놀라고 했는데 이런 일이 생기다니……. 그렇다고 점심 먹고 교실에만 붙잡아 둘 수도 없다. 아마 뛰어가다가 부딪힌 듯한데, 영민이는 다행히 아무렇지도 않다는데 철민이는 머리가 많이 아프다니……. 평소 그렇게 부주의하게 놀더니 끝내 이런 일이! 좀 조심했더라면 이런 일이 안 생겼을 것을…….'

그런데 철민이 어머니가 좀 민감한 것 같다.

'의사가 사진 찍은 결과 아무 이상이 없다고 했으면 되는 것 아닌가? 왜 앞으로도 병원에 갈지 모른다는 여운을 남기는 걸까? 혹시 이 기회에 돈을 뜯어내려는 것은 아닐까? 간혹 그런 학부모가 있다는데, 설마 그 정도는 아니겠지? 일이 잘 해결되었으면 좋겠다.'

📖 학부모는 이렇게 하고 싶어요-부정적 선택

사실 아이가 학교에서 다쳤다는 소식을 들을 때만큼 부모 마음이 놀라는 순간도 없을 것이다. 아이의 상태를 확인하기 전까지는 가슴이 두근두근하고 불안하다. 철민이 어머니도 제발 아무런 부작용이 없기만을 바라며 담임의 연락을 받자마자 달려왔다.

머리를 부딪혔다니 더욱 걱정이다. 게다가 상대방 아이는 아무렇지도 않은데, 우리 철민이만 다친 듯하여 더 운이 안 좋다는 생각이 든다. 병원에 가서 정확한 진단을 위해 의사가 하라는 대로 모든 사진을 다 찍어봐야겠다. 요즘 안전공제회인가 뭔가가 있어서 다쳤을 때 치료비도 나온다는 말을 들었다.

'선생은 아이들을 어떻게 지도했길래 학교에서 사고가 나도 모르고 있었던 거야!'

선생님의 지도 소홀도 책임을 물어야겠다.

❓ 이렇게 하면 어떨까요-긍정적 선택

'점심시간에 그런 일이 있었다니 아이들끼리 뛰어놀다가 그런 일이 있었나 보네. 좀 조심해서 놀지 않고. 우리 철민이가 워낙 개구지게 놀긴 하지만, 그래도 이렇게 다쳤다는 연락을 받고 학교에 가려니 걱정이 된다.

머리가 떵하고 어지럽다니 아무래도 사진은 찍어 봐야 정확한 것을 알 것 같다. 선생님도 많이 속상하실 텐데, 선생님이 무슨 잘못이 있나? 저희들끼리 놀다가 일어난 일이니 신경 쓰지 말라고 말씀드리고 병원에 데려가야겠다. 별일 없을 것 같긴 하지만 혹시 뇌에 조금이라도 이상이 있으면 안 되니까 안전하게 하기 위해 사진을 찍어 두어야겠다.'는 생각으로 부지런히 학교에 간다.

🏫 학교현장을 이해해 볼까요

사실 수많은 아이들이 이리 저리 뛰어 다니는 모습을 볼 때마다 아찔하다. 천방지축으로 뛰는 아이들을 볼 때 아무런 일이 없이 하루가 지나는 것은 기적에 가까운 일이다. 아이들은 마음껏 뛰어 놀 때 가장 행복하니 그 순간을 자주 가지도록 해 주고 싶으나 현실적으로 그렇지 못한 것도 안타깝다.

아이들이 학교에서 교육활동을 하다가 다칠 경우, 학교안전공제회에서 도움을 받을 수 있다. 학교안전공제회는 학생들의 안전을 위해 「학교안전사고 예방 및 보상에 관한 법률」에 근거하여 교육감이 각 시·도에 설치한 법적인 기구다.

안전사고가 발생했을 때 학교안전공제중앙회(http://www.ssif.co.kr)나 학교안전공제회(www.schoolsahe.or.kr)에 접속해서 신고와 접수 절차를 알아보고 이용하도록 한다. 간혹 어떤 문제가 발생했을 때 학교를 상대로 금전적인 요구를 하는 학부모가 있는데 왜 그런 생각을 하는지 모르겠다. 그렇게 하면 누구보다도 담임이 가장 괴롭고, 담임의 고충은 곧바로 교실로 영향을 미치며, 결국은 아이들이 피해를 보게 되기 때문이다.

사고가 났을 때 일반적으로 학부모들이 반응하는 형태에 따라

몇 가지 유형으로 나눠보았다.

❶ '책임져라' 유형

안전공제회에 통지한 후 치료를 받는다. 치료가 모두 끝난 후, 금액을 청구한다. 청구한 금액이 전액 나오는 것은 아니고, 기관에서 심사를 한 후 과잉 진료인지 여부를 판단해서 적정 금액을 보상받을 수 있다.

❷ '이해한다' 유형

아이들끼리 놀다가 다친 것이고 치료비도 이 정도는 우리가 부담해도 되겠으니 이해하고 넘어가자. 선생님이나 상대방 아이에게 더 이상 부담을 주지 말자.

❸ '기회잡자' 유형

이런 경우는 극히 드물지만 어쩌다 있는 사례가 학교나 교사를 힘들게 하기 때문에 추가한다.

안전공제회에서 나온 보상이 흡족하지 않아서 못마땅하다. 성장과정에서 혹시 후유증이 있을지 모르니 그것까지 보장해 달라고 요구한다. 결국 담임이나 피해를 준 학생의 부모로부터 돈을 뜯어내고서야 물러난다.

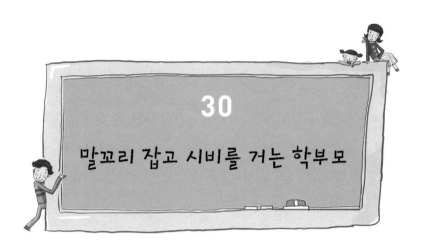

30

말꼬리 잡고 시비를 거는 학부모

최 교사는 학부모 총회 때만 되면 여러 학부모들이 모인 자리에서 혹시나 말실수를 할까 봐 매우 조심스럽다. 왜냐하면 교직경력 5년차 때에 겪었던 일이 생각나서다.

저학년이라 학부모 총회에 참석한 학부모가 20명 가까이 되었다. 거의 모두 참석한 셈이다. 아직 회의 시작 전이라 자유롭게 이야기를 나누는 분위기였는데, 어떤 어머니가 입을 열었다.

"선생님, 우리 용철이가 주의산만하지요?"

사실 용철이가 매우 주의산만하다. 수업 중에 집중을 안 하는 것은 물론 어떤 때는 돌아다니기까지 한다. 아무 때나 하고 싶은 말을 하느라고 교사의 설명 중에도 끼어들어서 수업의 흐름을 끊어놓기도 한다. 3월 초라 그런 습관을 고쳐 주려고 무던 애를 썼지

만, 용철이에게 별로 변화가 없어서 마침 어머니가 오시면 의논하려고 생각하고 있던 참이었다.

순간, 어머니도 이미 용철이의 주의산만에 대해 잘 알고 계시는구나 하고 생각하고 대답을 했다.

"네, 좀 그러네요. 용철이 때문에 수업시간이 솔직히 좀 힘들어요."

그 말을 듣는 순간 용철이 어머니의 안색이 달라졌다.

담임은 '아차, 내가 말실수를 했나?'

회의 시작을 앞두고 마음이 무거워졌다.

 학부모 기분은 이렇지요

용철이 어머니는 작년 담임으로부터도 많이 들었던 말이라 총회가 시작되기 전에 어색한 분위기에서 그냥 용철이 이야기를 물어본 것뿐이었다. 혹시 여기 모인 어머니들이 용철이를 알고 있을

지도 모른다는 생각도 들었고. 그 어색한 분위기를 자연스럽게 만들 무엇이 없을까 하다가 아들에 대해 질문한 것이다.

그런데 선생님의 반응이 너무나 섭섭했다. 마치 그 말을 기다렸다는 듯이 말이 끝나자마자 그렇다고 말한다. 그냥 물어본 말인데, 담임은 정색을 하고 여러 학부모들 앞에서 그렇다고 시인하니 순간 민망하고 창피한 생각이 들었다.

'저 담임이 나를 공개적으로 망신을 주는구나. 일어나서 나가버릴까? 앉아 있기가 부담이 된다.'

용철이 어머니는 매우 기분이 나빠졌다.

📋 선생님 기분은 이렇지요

그동안 용철이와 하도 씨름을 많이 해서 그러잖아도 용철이 어머니를 꼭 만나고 싶었다. 어머니를 만나면 하소연도 할 겸 용철이의 잘못된 습관을 함께 노력해서 고치자고 말하고 싶었는데, 본인 입으로 먼저 말을 하니 얼마나 마음이 놓였는지……

그래서 곧바로 그렇다고 시인을 했는데, 그 말을 듣자마자 용철이 어머니 표정이 안 좋다.

'그럼 아예 묻지를 말지. 자신이 먼저 물어놓고서 왜 그러지? 그럼, 답을 기다린 것이 아니었단 말인가? 어머니도 너무 급하고 경솔한 것을 보니 용철이가 어머니를 닮았나보구나.'

그 짧은 순간에 많은 생각들이 담임의 머릿속에서 오락가락했다.

📖 학부모는 이렇게 하고 싶어요−부정적 선택

여러 엄마들 앞에서 망신당했다는 생각이 들면 좋은 반응을 하기는 쉽지 않다. 자기 아들 용철이를 공개적으로 망신을 주었다는 생각에 용철이 어머니는 기분이 나쁜 나머지 담임을 매우 안 좋게 생각하였다.

사실, 이 일 후에 용철이 어머니는 담임의 말에 민감하게 반응하면서 매사 시비를 걸 듯 담임을 힘들게 했다. 자존심이 상한 결말이 이렇게 관계를 힘들게 하게 될지 예상을 못했다. 사실 담임에 대한 용철이 어머니의 속마음에도 이런 것이 있었다.

'그래, 우리 아들을 공개적으로 망신 준 당신! 한 번 좀 힘들어 보라지!'

? 이렇게 하면 어떨까요-긍정적 선택

회의 시작 전에 괜히 용철이 이야기를 꺼내서 분위기를 좀 깨고 싶었던 것은 사실이나 잠깐이라도 생각을 먼저 했더라면 이런 실수는 안 해도 되었을 것이다. 하지만 이 문제를 만든 것은 용철이 어머니였다. 순간적으로 나빠진 기분을 자제하고 총회를 마친 후 따로 남아서 좀 전에 섭섭했던 기분을 담임에게 말해야 한다.

"아까 여러 학부모들 앞에서 우리 용철이를 공개적으로 망신 주셔서 엄마로서 얼마나 섭섭했는지 몰라요."

이렇게 마음을 표하고 마음의 짐을 덜어내야 한다. 담임과 관계가 안 좋으면 손해 보는 것은 자녀일 뿐이다.

그 말을 들은 담임이 "어머, 죄송했어요. 제가 큰 실수를 했군요. 용철이와 잘 지내고 싶은데 마침 어머니가 그 말씀을 먼저 꺼내시는 바람에 제가 너무 급하게 반응을 했어요. 기분 풀으세요."

이렇게 마무리가 되면 서로 앙금도 남지 않고 본질적인 문제에 집중할 수 있다.

학교현장을 이해해 볼까요

사실 거의 모든 인간관계의 문제는 말이 화근이 될 때가 많다. "말이 씨가 된다." "우리말은 '아' 다르고 '어' 다르다." "말 한마디로 천 냥 빚을 갚는다."라는 말들은 모두 말의 중요성을 강조하는 것이다. 말을 하기 전에 3초만 멈추었다가 말해도 큰 실수를 줄일 수 있다.

말로 인한 실수를 줄일 것을 강조하면서 필자가 만들어 소개하는 말이 있다. "말하기 전에 꼭 **사유덕 씨**를 기억하세요."

사유덕 씨란 말하기 전에 세 가지 체크해야 할 내용을 기억하기 좋게 앞글자를 딴 말이다.

> • **사**-내가 하는 말이 '사실'인가, 아닌가를 체크하기
> • **유**-사실이라면 과연 이 말을 지금 하는 것이 '유익'할까, 무익할까를 체크하기
> • **덕**-사실이고 유익하다고 판단이 되면 표현을 '덕스럽게' 하기

용철이 어머니가 이런 기준을 미리 알고 있었더라면 여러 학부모들 앞에서 그저 분위기상 용철이 이야기를 꺼내지 않았을 수 있는데 아쉽다. 용철이가 주의가 산만한 것은 사실이지만, 그 자리에서 말하는 것은 결코 유익하지 않기 때문이다.

최 교사가 초임교사 시절에 겪었던 일이다.

학부모들이 묻는 말에 모두 답을 해 주어야 하지 않을까 하는 부담감으로 아마 금방 그렇다고 말했을 수 있다. 좋은 말이든 나쁜 말이든 이렇게 개인적인 이야기는 개인적인 자리에서 말해야 한다. 나쁜 말이면 이번 상황 같은 분위기가 벌어질 것이고, 좋은 말이면 시샘을 하는 학부모가 있을 수도 있다.

학부모들은 어떤 때는 한없이 너그럽다가도, 자녀 문제에서만은 이기적으로 급변할 때가 있다. 이것을 탓할 수는 없다. 그런 본능적인 마음이 바탕이 되어 자녀를 위한 헌신도 가능하기 때문이다. 교육 현장에 꼭 필요한 것은 담임과 학부모 간의 상호 이해다.

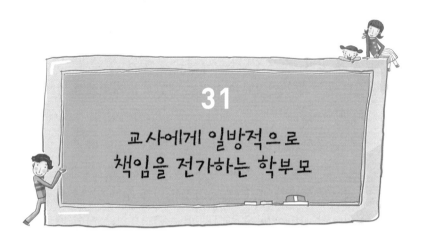

31

교사에게 일방적으로 책임을 전가하는 학부모

🔊 이런 일이 있었어요

따뜻한 봄날이 되어 자연의 변화를 공부할 겸 근처 놀이공원으로 현장학습을 나갔다. 걸어갈 만한 거리는 아니라서 버스를 타고 가기로 했다. 아이들은 매우 신나지만 아이들의 안전을 매사 신경 써야 하는 담임은 신경이 곤두서고 몹시 피곤한 날이다.

교실에서 단단히 주의를 주었어도 밖에 나가면 아이들이 주의를 준 내용을 염두에 두고 행동하는가? 그저 신나서 이리 뛰고 저리 뛰고 망둥이 같다. 그렇게 좋아하는 모습을 보는 담임도 사실 속으로는 흐뭇하다.

그런데 돌아올 때가 되어 줄을 세우고 보니 영철이가 안 보인다. '큰일 났다! 이 아이가 혼자 어딜 갔단 말인가? 찻길도 위험하고 낯선 곳인데…….' 아이들과 한참을 찾다가 혹시 집에라도 먼저 갔을까 하는 마음에서 집으로 전화를 했다. 어이없게도 아이는 집에 가 있었다. 안전한 것을 확인하고 나니 다행이다 싶으면서도 마음 고생한 것을 생각하니 허탈했다. 순간, 담임 말을 안 듣고 제멋대로 행동한 아이가 괘씸하다는 생각이 들었다.

그래서 어머니께, "영철이가 교사 말을 안 듣고 제멋대로 행동해서 이렇게 반에 피해를 주고 있네요. 집에서 주의 좀 주셔야겠어요."라고 한마디 했다.

그런데 들려온 말이 의외였다.

"선생님 이상하시네요. 일단 학교에 보냈으면 선생님 책임이지 왜 저한테 뭐라 그러세요?"

담임은 학부모로부터 '교사 책임 운운'하는 말을 들으니 황당하고 기분이 나빠졌다.

아이가 일찍 왔길래 왜 벌써 이렇게 일찍 왔느냐고 물으니 "몰라. 선생님이 안 보여서 먼저 왔어."라는 말을 듣고 이미 어머니도 황당했다. 이렇게 일찍 끝날 리는 없는데, 일단 아이가 안전하게 왔으니 아이 말을 믿기로 했다.

그런데 선생님 전화를 받으니 선생님은 아이가 없어진 것도 모르고 있었단 말이 아닌가? 은근슬쩍 부아가 나려 한다.

'아니, 데리고 나갔으면 끝까지 책임을 져야지 아이가 없어진 것도 모르고 나중에 줄 세우고 보니 그제서 알았단 말이잖아.'

그래서 그 기분의 연장으로 교사 책임을 운운하는 말이 툭 튀어나왔다.

아이들을 데리고 학교 밖으로 나가는 날은 아침부터 긴장이 된다. 그래서 오늘도 단단히 주의를 주었다. 절대로 혼자서 행동하지 말기, 어디 갈 때는 반드시 선생님께 말하고 가기, 차 안에서 크게 떠들지 않기, 학교까지 함께 와서 헤어지기 등을 여러 번 설명했다. 아이들에게 주의사항을 모두 잘 알겠느냐고 물으면 "네에~" 하고 교실이 떠나갈 듯이 대답한다.

선생님은 또 한 번 속은 셈이다. 그렇게 크게 대답하는 것이 과연 정말로 주의사항을 잘 지키겠다는 다짐인 것인지, 빨리 나가고 싶어서 소리 지르는 것인지……. 그렇게 단단히 약속을 했건만, 야외활동 중에 학생이 안보일 때 애타던 마음은 겪어보지 않은 사람은 모른다.

다행히도 세상에서 가장 안전한 곳인 집에 가 있었으니 망정이지 계속 못 찾았다면 어쩔 뻔했을까? 안심이 되면서도 그렇게 단단히 일렀던 '학교까지 함께 와서 헤어지기'를 까맣게 잊은 행동은 어떻게 이해해야 되는가?

'어머니는 오히려 담임에게 책임을 묻고 있으니 자기 아이의 잘못은 하나도 생각할 필요가 없다는 말인가? 그 엄마 참 이해가 안 되는구나.'

📖 학부모는 이렇게 하고 싶어요-부정적 선택

아이가 없어진 것을 모르고 있었다는데, 어머니는 매우 화가 났다. 어떻게 아이들을 인솔했길래 이런 일이 생겼는가? 다행히도 아무 일 없이 집에 왔으니 다행이지만, 큰 일 날 뻔했다.

'아직 어린 아이가 뭘 안단 말인가? 어른인 담임교사가 철저하게 챙겼어야지 않나?'

이렇게 생각하고 있는데, "아이가 교사 말을 안 듣고 제멋대로 행동했다."는 교사의 말을 듣다가 화가 치밀어 올랐다. 그래서 튀어나온 말이 선생님 책임을 운운한 것이다.

❓ 이렇게 하면 어떨까요-긍정적 선택

선생님의 전화를 받았을 때 아이가 선생님께 말씀도 드리지 않고 저 혼자 마음대로 집에 왔다는 것을 감지할 수 있다. 선생님이 얼마나 아이를 찾느라고 애가 탔을까를 생각하니 죄송한 마음이 든다.

"선생님, 우리 아들이 선생님께 말씀을 안 드리고 왔군요. 찾느라고 얼마나 고생하셨을까를 생각하니 너무 죄송합니다. 전 그것도 모르고 일찍 끝난 줄로만 알고 있었어요. 제가 잘 타이르겠습니다."

이렇게 말한다면 어땠을까?

걱정하고 고생했던 선생님의 마음이 눈 녹듯이 사라지고 오히려,

"안전하게 집으로 갔으니 다행입니다. 너무 야단치진 마세요."

로 마무리되었을 것이다.

🏫 학교현장을 이해해 볼까요

아이들을 학교 밖으로 데리고 나가는 일은 교사에게 매우 부담이 되는 일이다. 그래서 단단히 주의를 주고 짝을 지어 주고 선생님께 허락받지 않고 자리를 벗어나지 말 것을 강조 또 강조한다.

그러나 막상 현장에 가면 아이들은 궁금한 것도 많고 신나서 선생님의 말씀을 까맣게 잊는다. 이게 아이들의 속성이다. 선생님의 눈은 아이들을 쫓아다니지만 한계가 있다. 여기저기 흩어져버리면 누가 없어졌는지 알 수가 없다.

어떤 아이들은 교실에서 선생님이 강조하는 내용을 귀담아 듣지 않는다. 그냥 밖으로 나가는 일만 좋은 것이다. 아마 영철이가 그런 아이일 것이다. 집으로 왔으니 다행이지, 매우 위험한 상황이 벌어질 뻔한 일이었다. 이렇게 되면 교사는 십년감수한다.

32
선물 공세로 교사의
환심을 사려는 학부모

 이런 일이 있었어요

학부모 총회 때 분명하게 말했다. 학교에 오실 때 절대로 선물을 들고 오지 마시라고. 아이 편에도 보내지 마시라는 말도 덧붙였다.

그런데도 세라 어머니는 가끔 아이 편에 선물을 보낸다. 친척 집에서 만든다는 스포츠 의류, 세라 아버지가 해외 출장 갔다 오는 길에 사 왔다는 화장품이나 향수 등. 아이 편에 정중하게 편지를 써서 선물과 함께 돌려보냈더니 오해하는 내용의 답신을 보내왔다.

"부담도 안 되는 작은 선물을 보냈는데 다시 돌려받으니 창피하고 속상합니다. 선물이 마음에 안 드시는가 봐요. 저는 약소해도 순수한 맘으로 보낸 것인데 선생님께서 뭔가 오해를 하시는 것 같아 기분이 안 좋습니다."

✏️ 학부모 기분은 이렇지요

학부모 총회 때 담임이 절대로 선물을 하지 말라는 말은 그냥 형식적으로 하는 말일 것이라고 생각했다. 우리 딸이 조금 부족한 듯하니 선생님께 계속 배려와 관심을 받도록 하려면 뭔가 선생님을 기분 좋게 해드려야 한다고 생각했다.

그런데 다시 돌려받으니 선생님이 혹시 선물을 마음에 안 들어 하나 싶어 기분이 씁쓸하다. 담임이 별것 아닌 것으로 꽤 까다롭게 군다고 생각되기도 하여 불편하다.

🖼️ 선생님 기분은 이렇지요

'학부모 총회 때 확실하게 전달을 했는데 세라 어머니는 잘 안 들었나? 아니면 내가 한 말이 진심이 아니라고 생각했나? 다시 돌

려보내는 일도 번거로운 일인데 담임을 생각한다면 담임의 철학을 존중하고 협조를 해 주면 좋겠건만…….'

학부모가 자기 방식대로만 생각하고 행동하여 담임 시간을 뺏는 것은 곤란하다는 생각이 든다. 아무리 작은 선물이라도 한 사람 것이라도 받으면 나 스스로에게 정직할 수가 없고 또 내 신념이나 원칙이 무너지게 되니 제발 담임의 생각을 존중해 주면 좋겠다.

📖 학부모는 이렇게 하고 싶어요 – 부정적 선택

'담임이 학부모 총회에서 간곡하게 이야기했어도 설마 보내는 것을 안 받으랴? 전에 다른 담임은 받았으니 이번에도 보내 보자.'

이런 마음으로 단순하게 생각해서 세라 편에 보냈는데 다시 돌아왔다.

'내 선물을 거부하는 심리가 뭘까? 소심한 우리 딸을 혹시 소외시키는 것은 아닐까? 아니야, 요즘 그렇게 이상한 선생들은 없어. 그러다간 금방 소문이 퍼질 거야.'

이런 저런 생각들로 마음이 불편하다.

❓ 이렇게 하면 어떨까요 – 긍정적 선택

수고하는 담임에게 뭔가 선물이라도 보내고 싶지만, 학부모 총회 때 분명히 부탁하신 말씀을 잘 따르는 것이 학부모의 자세일 것이다. 나 한 사람이 보내서 받으면 다른 사람들도 선물을 보낼지 모르고, 그렇게 되면 선생님의 원칙이 무너지니 선생님을 도와드리는 것이 아니다. 차라리 그렇게 신경을 쓸 시간에 우리 세라가 교실에서 열심히 공부하도록 신경을 써 주는 것이 낫겠다.

녹색어머니 활동이나 독서명예교사 등 학교의 어머니 활동에 참여해서 아이들을 도와주는 활동을 열심히 하는 편이 선생님을 도와드리는 일일 것이다.

🏫 학교현장을 이해해 볼까요

담임교사에게 뭔가 성의표시를 해야 하지 않을까 하는 생각으로 불필요한 신경을 쓰는 학부모들이 있다. 사느라고 바빠서 그런 것에 대해서는 생각조차도 못하는 학부모들이 있는 반면, 일부 학부모는 그렇다.

우리나라가 한창 경제개발로 산업화되던 시기인 1970~1980년대는 일명 치맛바람이란 이름으로 학부모들의 촌지나 선물이 공공연히 돌아다니던 때도 있었다. 당시는 대도시의 경우 학급당 학생 수가 보통 60~70명 이상 되던 시대였다. 변두리 판잣집이 모여 있는 산동네 같은 곳은 90명까지도 수용해야 했다. 가난한 나라에서 건물은 짓지 못하고 학생 수는 넘쳐나고 궁여지책으로 오죽하면 2부제, 3부제까지 했을까? 2부제 수업은 필자의 초등학교 시절부터 있었으니 역사가 아주 오래되었다.

지금 되돌아보니 아이들은 바글바글하지, 선생님 능력은 제한되어 있지, 그 많은 아이들 중에 그래도 내 자식에게 손이라도 한번 더 가게 하려는 마음에서 촌지를 하지 않았을까 하는 생각이 든다.

교사로서 철이 들고부터는 그 촌지가 교사의 교육적 균형 감각이나 분별력을 흐리게 할 수 있다고 판단하여 촌지로부터 자유로

워지려고 노력했다. 어떤 때는 다시 돌려보내는 담임의 마음을 오해하는 학부모도 있었다.

많은 신세를 져 아주 고맙게 생각되는 한 학부모가 지금도 떠오른다. 그 분은 김치를 정성껏 담아서 때때로 보내셨다. 진정성이 느껴져서 거절할 수가 없었다. 담임의 애로사항을 아주 잘 이해하고 마음으로부터 도와주려던 그 분은 내가 더 이상 담임이 아닌데도 3년 동안이나 한결 같이 김치를 담아서 보냈었다. 이런 고마운 분들을 보고 싶지만 만날 수가 없다. 지금처럼 핸드폰이 있어서 전화번호가 저장되어 있는 것도 아니고.

아직도 5월 스승의 날이 가까워지면 '촌지근절'에 대한 공문이 내려온다. 그리고 암행감사가 다닌다고 한다. 학교 교문 근처에 기다리고 있다가 쇼핑백을 들고 들어가는 학부모를 미행하여 덜컥 현장을 잡는다고 하니 이 무슨 해괴한 일인가? 학부모들은 새겨서 들을 일이다. 교사를 존중하고 교사의 자존감을 세워 주는 일에 걸림돌이 안 되길 바랄뿐이다. 교육을 바로 세우는 일에 함께 파트너 의식을 가지고 협력해야 한다.

어려운 상황에서 책임을 다한 어느 학부모 역할

예슬이 어머니는 극심한 신체장애를 갖고 있는 분이다. 어렸을 때 심하게 소아마비를 앓아서 걸을 수 없는 것은 말할 것도 없고 척추가 휘어서 몸의 여러 기관들이 더불어 약한 상태다. 신체적 상태는 그렇게 특별하지만, 두뇌는 뛰어나고 의지도 강해서 가정교사를 두고 고등학교까지 공부를 했다. 대학은 원격교육으로 학사학위까지 받았다.

그런 조건을 모두 수용하고 일생을 책임지겠다고 약속한 사랑하는 남자를 만나 결혼도 하고 건강한 아들을 둘씩이나 낳았다. 아들들도 똑똑해서 학교에서 임원을 하게 되니 저학년 때는 가끔 교실을 청소하는 모임에 나갈 수 없음이 안타까웠다. 책임감이 누구보다 강했던 예슬이 어머니는 자신의 장애 때문에 학부모 참여활동을 못하는 일은 없어야겠다고 생각하여 고심하던 중에 한 방법을 생각해 냈다.

어느 날, 학교에서 돌아온 예슬이가 "엄마, 오늘 임원 엄마들 와서 교실 청소했어요." 엄마의 조건을 아는지라 더 이상은 말하지 않는 예슬이도 생각이 역시 깊었다.

"응, 그랬구나. 예슬아, 그 어머니들 중에 친구들 엄마 말고 낯선 분이 한 분 있었지? 그 분이 엄마가 대신 부탁해서 보낸 분이야."

이렇게 소리 없이 임원부모로서의 역할을 다하는 지혜는 어디서 나왔을까?

33

자녀에게 권위가 없는 학부모

이런 일이 있었어요

4학년 경동이는 부모 말을 전혀 안 듣고 속을 썩인다.

어른들의 가르침이나 지시를 무시하는 습관은 학교에 와서까지 이어져 담임교사의 말도 무시하고 안 들었다. 수업 내용이 조금만 재미가 없으면 "재미없어요."라고 소리치니 다른 아이들도 덩달아서 동조를 한다. 이런 분위기가 되면 교사는 맥이 빠진다. 교과 시간에도 여전히 그런 행동을 해서 교과 교사들의 애로사항 첫 번째 호소가 경동이다. 담임교사는 경동이를 칭찬도 해 보고, 구슬러 보기도 하고, 초콜릿을 주며 달래도 보았지만, 그때만 잠깐일 뿐이다. 경동이의 근본적인 태도는 변하지 않는다.

할 수 없이 어머니에게 면담을 요청했다. 그런데 어머니는 오시더니 오히려 담임에게 하소연을 한다.

"집에서도 제 말을 전혀 안 들어요. 저를 무시하고 엄마가 뭘 아느냐며 어렸을 때부터 대들었어요. 제 생각에는 경동이 아빠가 저를 무시하는 것을 보고 그러는 것 같아요."

그러면서 집에서 엄마로서 아내로서 당당하게 인정이나 대우를 못 받고 살고 있어서 속상함을 은연중에 하소연하신다.

✎ 학부모 기분은 이렇지요

그러잖아도 아들이 늘 엄마 말도 안 듣고 엇나가는 행동이 늘어가서 속상한데 선생님이 면담을 요청했다. 가봤자 별 뾰족한 수도 없고, 집에서 잘 지도해 달라는 부탁을 할 것이 뻔한데, 도대체 내 말을 들어야 말이지. 이럴 때는 남편이 더욱 원망스러워진다. 남편은 처음부터 나에게 함부로 말해서 제발 아이가 크니까 이제 그만하라고 말해도 안 듣더니 결국 가정에 질서가 없어지고 말았다.

담임선생님이 연세가 좀 있으시니 선생님에게라도 하소연해 봐야겠다.

🖼 선생님 기분은 이렇지요

4학년 정도 되면 규칙의 중요성을 잘 안다. 규칙을 어기게 되면 다른 사람들에게 피해를 주게 되기 때문에 단체생활에서는 적절한 제재를 받는다는 것도 잘 아는 나이다. 그런데 경동이는 아무리 따로 불러서 타이르고 지도해도 소용이 없다. 앞에서는 고치겠다고 대답은 잘하는데, 돌아서면 금방 또 잊고 여전히 말썽을 부린다. 할 수 없이 어머니 도움을 받기 위해 면담을 요청했더니 오히려 담임에게 하소연을 한다. 설상가상이다.

'경동이의 습관을 고치려면 어디서부터 어떻게 손을 써야 할지…….'

📖 학부모는 이렇게 하고 싶어요─부정적 선택

경동이 문제로 담임이 또 면담을 요청했을 때 경동이 어머니는 기분이 좋을 리 없다. 해마다 학년 초에는 같은 내용의 이야기를 번번이 들어야 한다. 담임에게 가정지도를 잘하겠다고 약속하고 돌아오긴 하지만, 경동이가 엄마 말을 전혀 안 듣는 걸 어쩌란 말인가? 남편이 한 번 소리를 크게 질러야 그제서 좀 무서워할까, 내 말은 도통 말 같지도 않게 여기니……. 차라리 이 속상한 마음을 담임에게 털어놓고 하소연이나 하고 와야겠다.

경동이가 내 말을 안 듣게 된 원인을 남편과 함께 찾아보고 남편의 협조를 얻어 이번에는 정말 고치도록 해야겠다. 남편에게 부탁해서 집안에서 내 권위를 세워달라고 해야겠다. 5, 6학년이 되면 이제 완전히 사춘기 반항이 시작되어 더 힘들어질 것이 뻔하다. 남편만 원망할 것이 아니다. 내가 정신을 차리고 사춘기 자녀와의 대화기술이라도 배워서 경동이와 좋은 관계를 유지하고 습관을 고치도록 부모 역할 교육을 체계적으로 받아야겠다.

학교현장을 이해해 볼까요

❶ 학부모 역할 관련

자녀가 성장하고 성숙해지면 부모도 함께 변화해야 한다. 자녀의 연령과 발달단계 및 심리적 성숙도에 따라 부모 역할을 다르게 해야 한다는 말이다. 언제 지원 역할을 해야 하는지, 언제 지지 역할을 해야 하는지, 독립시켜 내보낸 후에는 어떤 역할을 해야 하는지를 잘 판단해야 부모 역할을 잘할 수 있는 것이다.

그런데 부모 역할 중에서 학부모 역할은 좀 다르다. 학생의 신분에 맞는 역할을 잘하도록 도와주는 것이 학부모의 역할이다. 어느 자녀나 귀한 것은 마찬가지겠지만, 경동이도 역시 귀한 아들이다. 거기다 외아들이다 보니 만 3살 이전에 꼭 교육이 되었어야 하는 부분을 놓치고 말았다. 무조건 오냐오냐 하다 보면 이렇게 규칙도 무시하고 대인관계에서도 막무가내인 태도를 갖게 된다.

학교에 와서 이렇게 막무가내로 행동하게 되면 자주 지적을 받고, 친구들로부터도 인정을 못 받는다. 그러면 자연히 자존감은 낮아지고 부정적인 자아개념을 형성하게 된다. 정말로 자녀를 사랑한다면 올바른 생활습관과 바른 생활태도를 가지도록 가정교육을 잘해서 학교에 보내야 한다. 학교에서의 지도가 효과 있으려면 가정에서 기본 예절교육이 필수적인 선행조건이다.

❷ 가족관계에서의 권위 세워 주기

일단 경동이 아버지가 놓친 것이 있다. 어머니의 권위를 세워 주어야 아들을 제대로 지도할 수 있다. 그런데 미처 그 부분을 중요하게 생각하지 않고 아들 앞에서 아내를 함부로 대하였기 때문에 아마도 경동이 보기에 엄마가 무시당하는 느낌을 받지 않았을까 짐작이 된다.

이렇게 되면 아들도 엄마를 무시하게 된다. 무시라는 것은 다른 것이 아니고 권위를 인정하지 않고 말을 안 듣는 것이다. 특히 아들인 경우 사춘기가 되면 더욱 요란해져서 감당하기가 힘든데, 경동이 어머니의 경우는 더 심할 것이다.

자녀교육이 잘 되기 위해서는 어머니가 아버지의 권위를 또한 아버지가 어머니의 권위를 세워 주어야 한다. 집안에서 권위 인정의 기회가 없던 아이들은 사회에 나가서도 권위를 무시하거나 충돌하며 힘들게 지낸다.

❸ 좋은 습관들이기 비결

나쁜 습관을 고치려면 새로운 지도 방법이 필요하다. 고질병에 신약이 필요하듯이…….

경동이처럼 행동이 어수선한 아이들은 보통의 방법대로 해서는 효과가 없다. 모든 지도 방법에 만성이 되어서 약효가 없다는 뜻이다. 필자는 그런 경우에 해당되는 아이들에게 키즈스킬(KID'S SKILLS)에서 제시한 방법을 축약해서 지도하는데 꽤 효과가 있다. 키즈스킬에서 제시하는 방법의 핵심은 인정하기와 축하하기다.

• 1단계: 제안하기

"경동아, 선생님이 말씀하실 때 네가 해야 하는 기술이 있는데, 너 그 기술 익힐래?"

익히겠다고 하면 다행이지만, 싫다고 말해도 친절하게 수용한다. 다음 기회를 기다리면 된다.

• 2단계: 새로운 기술에 이름 붙이기

"경동아, 네가 'yes'라고 말해 줘서 고맙다. 그럼 그 기술에 이름을 뭐라 붙일까? 선생님 말씀이 끝날 때까지 잘 듣고 지키는 것인데……."

"'신상품'이라고 할게요."

"그래? 좋아. 이제부터 선생님 말씀에 귀를 기울이고 잘 듣는 태도는 신상품이야! 너와 나의 약속이야!"

• 3단계: 세심히 관찰하고 변화 행동이 관찰되면 즉시 축하하기

"우와, 경동아! 너 새로운 기술 신상품 익혔구나. 축하해! 역시 경동이는 될 줄 알았어. 경동이가 선생님과 말할 때 잘 듣고 들은 것을 행동으로 옮기는구나!"

- 4단계: 다 익히면 또 다른 기술에 도전하기, 만일 경동이가 익힌 기술을 잊으면 능청 떨기

"경동아, 이제 신상품은 다 익혔으니 이번에는 어떤 기술을 익혀볼까?" 하면서 다른 단계를 밟는다.

"경동아, 오늘은 신상품이 어딜 갔지?"라고 능청을 떨면 경동이가 다시 교사에게 집중하며 잘 듣는다.

이 과정으로 지도할 때 효과가 나타나게 되는 핵심요인은 아이의 자발성을 끌어냈기 때문이다. 대개는 문제행동을 하면 혼을 먼저 낸다. 그리고 명령하거나 지시하거나 강요한다. 하지만 이 새로운 방법은 인정하고 격려하고 질문하는 것이다. 필자가 만든 말 중에 "명지강은 no, 인격질은 yes!" 바로 이 원리다. 질문을 먼저 하면서 아이의 의견을 존중한다. "~할래?"라고.

이런 과정으로 지도하면 아이는 효능감, 자존감, 자신감을 회복할 수 있고, 교사나 부모도 기분 좋게 행동지도를 할 수 있다. 지혜로운 부모는 새로운 방법을 적용하는 일을 미루지 않을 것이다. 좋은 습관을 들일 수 있는 일인데 무엇을 미루랴? 이때 필요한 것은 인내와 긍정적인 소망이다. 자녀에게 좋은 변화가 있을 것을 바라보며 꾸준히 인내함으로 변화를 기대할 수 있을 것이다.

❹ 아이의 자존심 건드리지 않기

교실에서 아이들을 지도할 때 절대 많은 아이들 앞에서 꾸중하지 않도록 해야 한다. 어린아이들이라고 함부로 대하면 안 된다. 연약한 아이들이기 때문에 오히려 더 많은 상처를 받을 수 있다.

자존심을 건드리면 반감을 가지고 마음을 닫아 버리게 된다.

　조용히 불러 혼자 남겨서 '인격질 대화'를 통해 마음을 열게 하면 매우 효과적이다. 인격질 대화는 인정하기, 격려하기, 질문하기를 적절히 활용하는 대화를 말한다.

34

공교육을 무시하는 학부모

 이런 일이 있었어요

신철이 부모는 학교생활보다 아이의 학원 학습에 더 관심이 많다. 그러다보니 신철이는 가끔 학교에서 학원 숙제를 한다. 특히 담임 시간이 아닌 교과 교사의 수업 때 더 심하다.

담임은 학교 학습을 중요하게 생각하기 때문에 어머니에게 문자를 보냈다.

"학교 학습을 통해 중요한 개념을 확실히 알고 단계적으로 수업해야 되는데, 신철이가 수업 중에 학원 숙제를 하는 모습이 자주 눈에 띕니다. 몇 번 지도했는데도 변화가 없어 어머니께 도움을 청합니다. 학원 숙제는 가정에서 하도록 지도해 주세요."

선생님은 신철이의 행동이 달라질 것을 기대했다. 그러나 아무런 변화가 없었다. 신철이에게 "어머니가 선생님 메시지 보시고

뭐라 말씀하시지 않았니?" 하고 물어보았더니 "그냥, 괜찮다고 하던데요."

'괜찮다는 게 무슨 말일까? 공교육을 무시하는 건가?'

✏️ 학부모 기분은 이렇지요

지금 5학년인 신철이를 원하는 좋은 대학에 보내기 위해서는 학교 수업에서 과목에 따라 집중도를 달리 해야 한다고 생각한다. 아무리 요즘 인성을 부르짖어도 좋은 인성에 나쁜 대학가는 것보단 일단 좋은 대학을 가야 마음이 놓이는 것이다. 그리고 인성이 뭐 그렇게 눈에 띄는 것도 아니고 일단은 좋은 대학을 들어가야 취직도 잘 될 것이니까.

신철이에게 평소에 대학가는 것에 대해 강조하다 보니 신철이도 엄마 마음을 이해한 듯, 눈치를 보니 도덕, 음악, 실과 시간에는 아예 교과서도 안 꺼내고 학원 숙제를 해도 될 것 같은 생각이 든다.

'담임이 간섭이 심한 것 아니야? 자기 공부하고 싶은 것을 왜 못하게 할까?'

🏫 선생님 기분은 이렇지요

공부 시간에 해당 교과를 꺼내지 않고 엉뚱한 행동을 하는 것은 선생님들이 싫어하는 행동이다. 또 학생에게 도움이 되지 않는다. 누구라도 이런 식으로 행동하면 공부를 잘할 수가 없다. 그런데 신철이는 뛰어나게 공부를 잘하는 것도 아니면서 번번이 교과와는 다른 공부를 한다. 앞에서는 선생님이 다른 과목을 가르치는데 어떻게 학원 숙제를 꺼내 놓고 당당하게 하고 있을까?

이 정도로 당당하게 하는 것은 아무래도 집에서 어머니가 그런 행동을 옹호하는 말을 했기 때문일 거야. 선생님은 이런 생각을 하며 별로 기분이 좋지 않아서 학부모에게 연락을 하고 싶었다.

📖 학부모는 이렇게 하고 싶어요 – 부정적 선택

어머니는 주변에서 일어나는 여러 상황을 보니 결국은 대학을 어떤 곳에 가느냐에 따라 인생이 달라지는 것을 보았다. '옳거니! 지금부터 대학입시가 목표다!' 이렇게 생각하고 아이의 모든 스케줄을 관리하기 시작했다.

더불어 자신의 학창 시절에 별로 중요하게 생각지 않던 과목들은 공연히 시간 낭비할 필요 없다는 생각에 눈치를 봐 가며 영어나 수학 문제집을 풀도록 했다. 선생님이 메모를 보냈을 때도 각오했던 일이기 때문에 이 정도는 감수해야지라고 대수롭지 않게 생각했다. 그러면서 먼 훗날 신철이가 다른 아이들보다 한참 앞서 있을 것을 상상하며 자신의 선택에 스스로 자부심을 가졌다.

? 이렇게 하면 어떨까요-긍정적 선택

대한민국의 현실에서 대학입시가 중요한 것은 부정할 수 없는 사실이다. 대학은 자신의 꿈을 이룰 수 있는 선택이어야 한다. 그렇지 않고 대학 간판만 보고 가면 세월을 낭비하게 된다. 전공이 마음에 안 들어서 다시 편입을 준비하거나 재수하는 사람들도 많이 보았다.

이렇게 시간 낭비, 돈 낭비를 안 하려면 어려서부터 자신이 하고 싶은 일이 무엇인지 탐색하는 과정이 필요하다. 그러려면 초등학교에서 배우는 모든 교과를 중요하게 다루어야 된다. 아들 신철이가 모든 수업시간마다 바른 태도를 갖고 수업에 집중하는지 관심을 가져봐야 되겠다.

'초등학교에서 중요한 것은 공부하는 방법을 아는 것이고, 전두엽이 발달되도록 생각 훈련을 하는 것이며, 결국 공부하는 즐거움을 경험해서 꿈이 성취될 때까지 마라톤을 뛸 준비를 하는 것이지. 이렇게 하려면 모든 수업을 중요하게 생각해서 열심히 귀를 기울이고 친구들과 함께 즐겁게 지내는 것이 우선적으로 필요해. 이것이 바로 자존감이 커질 수 있는 기회일 테니까.'

🏫 학교현장을 이해해 볼까요

사실 학부모의 최종 관심은 자녀가 원하는 대학으로 골인하는 것이 맞다.

이 목표가 아이들의 마음속에서 우러나오도록 하기 위해 삶의 태도를 먼저 가르쳐 주어야 하는 것은 부모의 역할이다. 그런데 필요 없는 교과목 시간에 주요 과목(국, 영, 수)을 준비하도록 하는 것은 학부모의 조급한 마음에서 할 수 있는 일이다. 부모의 마음으로는 좀 더 깊이 멀리 생각할 수 있다. 이 차이가 바로 공익광고에서 '부모는 멀리 보라 하고 학부모는 앞만 보라 한다.'에 해당되는 것이다. 단지 대학입학만을 목표로 하면 자녀가 진정으로 행복한 삶을 살 수 있을까?

❶ 사교육 금지 관련

선행교육금지법안이 2014년 2월 임시국회에서 통과되었다. 이제 9월쯤부터 선행교육을 금지하는 법이 시행이 되면 법에서 제시한 기준을 지켜야 하는 구체적인 지침이 현장으로 내려올 것이다. 아울러 이를 어길 경우 받게 되는 제재도 따라 내려올 것이다.

이 법이 통과되었다는 소식을 들었을 때 아마도 이런 법은 우리나라에만 있지 않을까 하는 생각을 했다. 동시에 '이것은 매우 부끄러운 법이구나. 이렇게 법으로 강제 규정을 만들어야 할 정도로 사교육(비)은 국민을 힘들게 하고 있구나.' 하는 생각을 했다. 1998년 무렵에 사교육비가 무려 8조 원이라고 개탄했던 분위기가 생각난다. 그런데 2012년 사교육비 총액은 19조 원이었다고 한다. 14년만에 두 배 반 정도가 늘어난 셈이다. 그래도 2011년의 20조 1천 억에 비해 감소된 것이라고 한다(통계청 자료 www.kostat.go.kr). 이런 현상이 바로 수업시간에 학원 문제를 풀도록 은근히 조장하는 초등학생의 학부모까지 생기게 된 것이 아니겠는가?

선행교육을 법으로 금지한다고 과연 안 하게 될지 의문이다. 법명으로만 보면 개인의 학습 욕구까지 무시하는 것이 아닌가 하는 생각도 든다. 잘못된 교육열이 결국 새로운 법까지 탄생하게 된 동기를 제공한 셈이다.

오바마 대통령은 왜 한국 부모의 교육열을 본받으라고 공공연히 말했을까? 그 말을 들을 때 우리 국민은 고개를 갸우뚱했다. 단지 기뻐할 수만은 없었던 현실을 부모라면 다 알고 있다. 학부모의 과다한 교육열 때문에 우리의 학생들이 행복한 삶을 살게 되었다면 공감이 갔을 것이다. 그리고 우리 스스로도 자긍심이 높아졌을 것이다. 그러나 우리 학부모의 교육열은 순수하지 않은, 약간은 빗나간 면이 있기 때문에 매우 불편한 인정이었다[빗나간 교육열의 결과로 자율성을 잃어버린 자녀들의 이야기는 필자의 『스위치 대화의 힘』(2014)에 소개했다].

우리나라 청소년의 사망 원인 1위가 자살이며, 우리나라는 OECD 국가 중 청소년 자살률이 두 번째로 높다. 거기다 자살 이유는 더 기가 막힌다. 학교 성적, 뜻대로 되지 않는 진학 문제, 가정불화 순이다. 그런데도 학부모는 계속 성적만 가지고 자녀에게 스트레스를 주어야 하겠는가?

『공감의 뿌리』(2010)에서 부모와 교사를 아동 문제의 '유력한 용의자'라고 말하는 것을 보면 비단 우리나라의 문제만은 아닌 것 같다. 자식의 성공에 대한 과도한 기대가 자녀를 이렇게 파멸의 길로 몰고 가는 것을 지금이라도 깨닫고 내려놓을 것들을 찾아보자.

선행교육금지법안도 잘못된 교육열로 신음하는 청소년을 안타까이 여긴 한 교사의 열정에서 출발한 것으로 알고 있다. 고등학교 교사였던 그(송인수 선생님)는 학교를 퇴직하면서까지 우리나라의 교육을 바로잡기 위해 사교육금지를 실천 항목으로 선정하고 투쟁한 것이다. 선행교육금지법안은 이에 뜻을 같이하는 학부모가 동참해서 힘을 실어 주는 과정을 거치면서 탄생시킨 것이라고 알고 있다.

"문명인 줄 알고 달려왔는데 도착하고 보니 야만이더라."는 말이 생각난다.

"성공인 줄 알고 달려왔는데 도착하고 보니 실패더라." 이런 고백이 우리 학부모들 입에서 나오지 않기를 바랄 뿐이다.

❷ 초등교육의 이해

국가교육과정정보센터(NCIC)의 교육과정해설 부분에서 학부모가 꼭 알고 있어야 할 기본적이고 필수적인 내용만 추려보았다.

'초등교육'은 학생의 학습과 교육에서 삶의 기초 능력을 확립시켜 주어야 하는 시기다. 특히 초등학교 저학년 단계에 각 교과의 기초적·기본적 요소들을 체계적으로 학습하지 않으면 이후의 학습에 있어 결손이 누적되어 자기효능감이 저하되고 학교생활과 교우관계 등에서 소외될 가능성이 크다. 또한 이후에 학습의 결손 부분을 메우는 데는 많은 노력과 비용이 요구되므로 단위 학교에서는 별도의 기초 학력 증진 프로그램을 편성·운영할 수 있도록 하고 있다. 이는 초등학교 학생의 기초·기본 학습 능력 제고에 대한 단위 학교의 자율성과 책무성을 동시에 강조하는 조치라고 볼 수 있다.

초등학교 교육과정은 법적인 근거에 따라 선정된 교과목(2009년 개정교육과정에서는 10개 교과) 및 각 교과목별 수업 시수와 평가

지침에 의해 운영된다. 교과목은 대통령령에 의해 정해진 것으로 초등교육에 필수적일 뿐만 아니라 국가와 사회의 요구에 따른 것이다.

교육과정은 시대적으로 요구되는 인간상을 구체적으로 실현할 수 있도록 문서화한 지침이다. 교육과정은 '각급 학교의 교과목 및 기타 교육활동의 편제'(1945. 4) '학생들이 학교의 지도하에 경험하는 모든 학습활동의 총화'(문교부령 제119호, 1963. 2)라고 규정했었는데, 지금도 이것을 기본 틀로 하고 있다.

지금 적용되는 2009년 개정교육과정에서 추구하는 인간상은 '21세기의 세계화·정보화 시대를 주도할 자율적이고 창의적인 한국인을 육성하는 것'을 기본 방향으로 하고 있다. 이런 인간상을 추구하기 위한 초등학교 과정에서 설정한 교육목표는 다음과 같다.

초등학교의 교육은 학생의 학습과 일상생활에 필요한 기초 능력 배양과 기본 생활습관을 형성하는 데 중점을 둔다.

• 풍부한 학습 경험을 통해 몸과 마음이 건강하고 균형 있게 자랄 수 있도록 하며, 다양한 일의 세계에 대한 기초적인 이해를 한다.
• 학습과 생활에서 문제를 인식하고 해결하는 기초 능력을 기르고, 이를 새롭게 경험할 수 있는 상상력을 키운다.
• 우리 문화에 대해 이해하고, 문화를 향유하는 올바른 태도를 기른다.

• 자신의 경험과 생각을 다양하게 표현하며 타인과 공감하고 협동하는 태도를 기른다.

이 내용을 구현하기 위해 학교 수준의 교육목표와 과정을 만들고 학교교육과정을 운영한다. 학교에서 계획하고 실천하는 교육과정은 학교의 교육 목적 및 목표를 달성하기 위해 선정된 교육 내용이므로 충실히 따를 때에 국가와 사회가 요구하고 세계인이 되는 준비를 탄탄히 할 수 있는 것이다.

이런 근간을 무시하면서 단지 대학입시만을 위해 초등학생 때부터 중요한 과목, 시시한 과목을 차별하도록 은근히 강조하고 학원 공부만 강요하게 되면 절름발이 교육을 시키는 것이다.

부모는 자녀에게 올바른 삶의 태도를 가르치는 것을 인성교육의 첫째로 삼아야 한다.

❸ 행복교육

요즘 행복교육이 어디서나 대세다. 결과 해석에서 여러 논란들이 있지만, 10여 년 동안 국제학업성취도 평가(FISA)는 각국의 학업성취에 대한 객관적인 자료 제공과 더불어 각국의 교육제도의 차이에 대해 의미 있는 근거를 제공하고 있다. 그런데 여기서 학업성취에서 상위를 차지하는 국가(우리나라 포함)의 학생들이 학교생활만족도에서는 평균 이하인 점을 주목해야 한다.

왜 우리 학생들이 행복하지 않을까? 이것은 거시적인 제도나 정책도 문제이지만, 실제로 학생들에게는 미시적인 인간관계가 더 직접적인 영향을 미칠 만큼 중요하다. 그래서 부모-자녀 관계나 교사-학생 관계, 친구관계에서 그 해법을 찾아야 한다고 생각한다. 행복에 영향을 미치는 것은 개인의 욕구(꿈 포함)와 성취, 만족, 기대, 의도, 충족감 등인데, 이런 것들이 행복한 정서와 서로 상승작용을 일으키기 때문이다.

그런 결과에 대처하듯 서울시교육청에서도 수업 방법의 혁신으로 '인성중심협력학습' 형태를 2014년도의 중점 교육 방법으로 강조하고 있다. 인성중심협력학습이란 공부를 하되 혼자서만 하는 것이 아니라 친구들과 함께 머리를 맞대고 마음을 모아 공동으로 문제를 해결하는 학습 형태를 말한다. 구체적인 방법으로는 토의·토론 학습, 문제기반학습(Problem Based Learning: PBL), 협동학습, 액션러닝(Action Learning), 프로젝트 학습 등이 있다. 이 모든 학습 방법은 혼자서는 결코 문제해결을 할 수 없는 수업 방법이다.

이런 수업을 진행하기 위해서는 당연히 인성이 뒷받침되어야 한다. 아울러 이런 수업을 하게 되면 상대방에 대한 배려, 경청, 절제, 이해, 인내 등이 자연스럽게 길러질 수 있다. 여러 학부모들은 이런 현장의 변화를 이해하고 가정에서의 부모 역할에 도움이 되기를 바란다. 가족 간에도 어떤 의견을 내거나 듣거나 하는 과정에서 서로 토의를 하면서 자연스럽게 인성이 길러지도록 신경을 써야 하는 것이다.

이런 말을 새겨들을 필요가 있다.

'성공을 위해서는 태도(인성)가 능력만큼 중요하다!'

35
아무 때나 전화하는 무례한 학부모

📣 이런 일이 있었어요

박 교사는 경력 2년차인 새내기 교사다. 교사로서의 성실한 자세를 인정받아 발령 다음 해에 6학년 담임을 맡았다. 3월 개학날 아이들을 살펴보니 한쪽 발목을 다쳐 목발을 짚고 온 여학생이 있었다. 높은 교실까지 오르내리기 힘들지 않겠느냐고 물으니 민숙이는 오히려 전혀 힘들지 않고 오히려 재미있다는 듯이 말을 해서 다행이다 싶었다.

첫날이라 오전 수업만 했다. 하교지도를 하고 교실에 오니 민숙이 어머니가 교실로 전화를 해 왔다. 용건은 민숙이가 다치게 된 연유를 이야기하고 잘 보살펴 달라는 내용이었다. 그때 이후로 몇 차례 더 전화가 왔는데 내용이 점점 부담스러웠다. 봄방학 중인 2월에, 그것도 학교도 아니고 동네 놀이터에서 놀다가 다친

것인데 안전공제회에서 보상을 받을 수 없는가 하는 내용이었다. 그리고 함께 놀았던 아이에게도 어느 정도 치료비 보상을 받을 수 있도록 그 중간 역할을 새 담임이 좀 해 주었으면 하는 내용이었다.

이렇게 황당한 내용으로 여러 번 전화가 오니까 박 교사는 전화를 받기가 점점 부담스러워졌다. 처음에는 학부모를 존중해서 잘 들어주었지만, 퇴근 후 밤중에도 전화가 오는 것은 견디기가 힘들었다.

🖉 학부모 기분은 이렇지요

새 학년 올라가기 전에 6학년 교과서를 미리 읽어 보라는 말은 안 듣고 놀기만 하다가 다친 딸이 보기 싫어서 딸을 많이 꾸짖었다. 더욱이 학교 공부 중에 다친 것이라면 보상을 받을 텐데, 그런 것도 아니어서 참 재수도 없다고 생각하고 있었다.

처음에는 5학년 담임에게 전화를 할까 하다가 이미 학년이 끝났는데 전화하기가 쉽지 않았다. 그런데 새 학년 담임을 보니 매우 어려 보였다. 억울한 심정도 호소하면 어쩐지 잘 들어줄 것 같았다. 그래서 여러 번 전화를 한 것이다. 그리고 그때마다 기대한 대로 잘 들어주었다. 처음에는 딸이 학교에서 더 위험한 상황에 처하지 않을까 하는 염려의 마음을 많이 전했지만, 사실은 보상 문제를 꺼내고 싶었던 것이다. 그래서 안전공제회에 서류를 넣어 줄 수 없을까 하는 내용과 함께 같이 놀았던 상대 아이의 부모에게 어느 정도 책임을 지도록 새 담임이 연락을 해 줄 수 없겠느냐는 속마음을 드디어 전했다. 결과야 어찌되든 할 말을 하고 나니 마음은 좀 가벼웠다.

🎨 선생님 기분은 이렇지요

거의 모든 교사는 학부모를 상대하는 것이 편하지 않다. 하물며 새내기 교사는 더 그렇다. 박 교사는 처음에는 학부모의 전화를 정중하게 잘 받고 얼마나 힘드시겠느냐고 공감도 해 주었다. 그런데 나중에는 밤중에도 전화를 받게 되니 더 이상 친절하게 대하기가 쉽지 않았다.

'이 학부모는 저학년 학부모도 아니고 경험도 많을 텐데 이렇게 아무 때나 전화를 해도 된다고 생각하는 걸까?'

이젠 휴대전화 벨이 울리면 겁이 날 정도였다. 번호를 확인하고 안 받기도 했다.

'아, 학부모가 이렇게 교사를 괴롭히기도 하는구나. 무조건 공

감해 주며 받아주면 안 되겠구나.'

이런 경험을 처음하면서 학부모가 점점 부담스러워졌다.

학년 초 새로운 마음가짐으로 아이들을 대하고, 교직생활의 첫 제자들을 잘 가르치려 다짐하고 출발하려는 시점에 이 학부모가 부담이 되고 신경이 쓰였다.

📖 학부모는 이렇게 하고 싶어요–부정적 선택

이 학부모의 관심은 보상을 받고 싶은 것이다. 동네에서 놀다가 다친 것이긴 하지만, 가뜩이나 돈 들어갈 곳이 많은데 딸까지 보태니 속상하다. 주위 사람들의 이야기를 들어보니 학교에서 신청을 해 주면 보상을 받을 수 있다는 것이다. 봄방학 중에 다친 것도 해당이 될까 하는 생각이 들기는 했지만, 밑져야 본전이란 생각에 새 담임에게 부탁해 보기로 했다. 아무래도 전 담임보다는 새 담임이 내 이야기를 잘 들어주고 이해해 주는 분위기로 보아 협조를 기대할 수 있을 것 같다. 기한이 지나면 신청을 못할지도 모른다는 조급한 마음에 일터에서 잠시 시간이 날 때마다 담임에게 전화를 했다.

❓ 이렇게 하면 어떨까요–긍정적 선택

딸이 다친 것도 속상하고 아무런 보상을 못 받는 것도 억울하긴 하다. 하지만 운이 안 좋았다 생각하고 보상받을 방법을 찾는 것을 멈추기로 했다. 딸에게 들어보니 상대방 아이가 일부러 밀친 것도 아니고 장난치다가 발을 삐끗한 것이라니 어디다 하소연하겠는가?

다행히 새 담임이 딸의 불편함을 알고 많은 배려를 해 주고 있으니 그것으로도 얼마나 다행인가? 그나마 봄방학 중에 다치고 깁스를 했기 때문에 조금만 고생하면 깁스를 풀 수 있다니 빨리 잘 아물어서 후유증이나 없도록 신경을 써야겠다. 담임선생님도 개인생활이 있는데 퇴근 후까지 전화를 하는 것은 실례가 되겠지.

🏫 학교현장을 이해해 볼까요

사려 깊은 학부모들은 아이의 시간표를 확인하고 담임교사가 통화가 가능할지 아닌지를 먼저 확인한다. 또한 아주 위급한 일이 아니라면 퇴근 후에는 전화를 안 하는 것이 담임에 대한 예의다. 아무 때나 전화하는 것은 개인생활을 침해하는 실례가 될 수 있음을 알아 두자.

또한 아이가 다쳤을 때 보상받을 수 있는 기관은 학교안전공제회다. 그러나 이것은 교육활동 중에 다쳤을 때에 해당한다. 학부모들 중에는 막연하게 알고 있는 지식으로 오해를 하거나 엉뚱한 생각을 하기도 한다. 이 어머니도 막연하게 보상을 받을 수 있을까 하는 생각을 하고 있어서 아무 때나 전화를 하게 된 것이다. 또한 함께 놀았던 상대방 아이의 어머니와 만날 수 있도록 담임이 중간 역할을 해 주기를 바라는 마음도 함께 있었다. 사실 교사 입장에서는 매우 황당한 생각이다.

새내기 선생님이라 처음에는 학부모에게 친절을 베푼다는 생각으로 받아주다 보니 나중에는 성가시게 되어 결국 수석 교사와 의논을 하게 되었다. 수석 교사의 조언을 듣고 정중하게 한마디를 했다고 한다.

"어머니, 한 가지 부탁드릴게요. 퇴근 시간 후에는 제가 전화받기가 곤란합니다. 제 개인생활을 고려해 주셨으면 좋겠습니다. 민숙이는 제가 잘 보살펴 주겠습니다."

"그리고 안전공제회 신청은 교육활동 중에 일어난 사고일 때 가능합니다. 이렇게 동네에서 다친 경우는 전혀 해당되지 않습니다. 무엇보다 제가 그 상황에 개입해 주기를 바라는 것은 불가능한 기대일 뿐 아니라 기대 자체가 말이 안 되는 일입니다."

그런 보상을 어느 기관에서 해 주는 것인지 그 절차와 방법에 대해 더 자세히 알아보았더라면 새 담임에게 이런 부담은 주지 않았을 것이다.

다음은 한 일간지에 실렸던 기사를 요약한 것이다.

요즘은 학부모가 아이보다 더 긴장하는 것 같다.

'새 학기만 되면 아내의 복통이 늘어난다.'는 기사에 보면 아이들의 엄마가 새 학기 증후군을 앓는 현상이 증가하고 있다고 한다. 설사나 변비에 다리 저림과 현기증까지. 처음에는 꾀병인 줄 알았던 가족도 차츰 관심을 가지고 대화하면서 증세가 호전되었다고 한다.

엄마의 새 학기 증후군으로는 과민성 장증후군이 가장 많은데, 결국 소화가 안 되는 증상이다. 자녀가 새로운 환경에 적응하지 못하는 것을 보고 신경을 쓰다 보니 드디어 소화기에 문제가 생기는 것이다. 자녀의 새 학기 적응 관련 문제라면 주로 ADHD나 틱장애, 복통 등이 있다. 자녀가 민감하여 적응에 어려움을 갖고 있는 경우 환경이 바뀌면 증상이 더 심해지는 것이 분명하다. 이것을 보는 엄마가 더 힘들기 때문에 어른인 엄마도 새 학기 증후근을 앓는다고 하니…… 이러한 증상은 학년이 바뀌어 적응하는 시기인 3~5월 그리고 2학기 개학인 9월에 많다고 한다.

그래서 요즘 어떤 교회에서는 봄방학 기간 중에 특별 새벽 기도를 통해 자녀가 새 학급, 새 담임, 새 책, 새 친구 등에 담대하게 적응하도록 준비기간을 갖기도 한다.

출처: 중앙일보, 2014.03.17일자

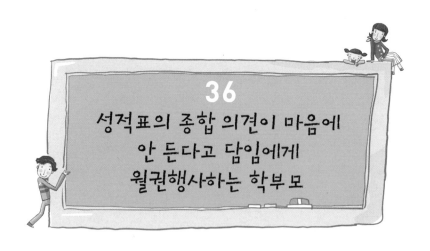

36

성적표의 종합 의견이 마음에
안 든다고 담임에게
월권행사하는 학부모

이런 일이 있었어요

6학년 경수는 국제중학교에 가려고 준비 중이다. 국제중학교에 들어가기 위해 경수도 많이 노력하지만, 경수 어머니는 더 많은 노력을 한다. 빠듯한 남편의 월급만으로는 학원비와 과외비를 감당할 수 없어서 동네 가게에서 계산원 일 보기, 뷔페식당에서 서빙 돕기 등 이것저것 가리지 않고 일한다.

그런데 방학 때 아이의 성적표를 보기 위해 나이스에 들어갔다가 기분이 매우 언짢아졌다. 아들의 학교생활 종합란의 평가가 마음에 안 들었다.

"자기주관이 뚜렷하고 논리가 분명하며 주도적으로 학습하는 바람직한 면이 있는 반면에 친구와 의견충돌이 잦고 양보하는 태도가 필요함."

경수 어머니는 담임에게 항의를 하고 싶었다.

"선생님이 이런 식으로 우리 경수의 앞날을 망칠 생각인가요? 경수가 국제중학교에 떨어지면 선생님 책임인 줄 아세요."라고.

✏️ 학부모 기분은 이렇지요

평가의 앞부분을 읽을 때는 아들이 똑똑하다는 것을 인정하는 듯한 느낌을 받아서 흡족했다. 그러나 "의견충돌이 잦고 양보하는 태도가 필요함."이란 표현을 굳이 썼어야 했을까? 국제중학교에 가려면 생활기록부 내용이 중요할 텐데 혹시 이 부분이 걸림돌은 되지 않을까?

'뭘 얼마나 의견충돌이 있었다고 생활기록부에까지 기록을 남긴단 말이야?'

어머니는 이 언짢은 기분을 그대로 묻어 두고 싶지는 않았다. 담임교사에게 좀 따져 보고 수정해 달라고 요구를 해야겠다고 생각했다.

🏫 선생님 기분은 이렇지요

경수가 똑똑한 것은 맞다. 자기 생각이 분명하고 말도 조리 있게 잘해서 토론 시간에는 한몫을 한다. 이렇게 자기주장이 강하고 의견이 분명하다 보니까 가끔 친구들의 마음이 상할 때가 있다. 그래서 담임교사는 여러 번 경수를 불러 타일렀다.

"경수야, 넌 어쩜 그렇게 주장을 확실하게 잘하니? 토론 시간의 분위기를 활발하게 해 주어서 자랑스럽고 든든하다. 그런데 다른 사람의 기분이나 입장도 생각하면서 말해 주었으면 좋겠어. 네 의견은 주장하되 표현 방법은 좀 부드럽게 하면 아이들의 마음이 다치지 않을 거야. 그리고 때로는 양보할 줄도 알아야 돼."

이런 내용으로 여러 번 말을 했는데 선생님 앞에서는 대답을 해놓고 뒤돌아서면 아무런 변화가 없었다.

마침 학부모 상담 기간에 오신 경수 어머니에게도 그런 의견을 전했다. 그런데 경수 어머니는, "토론은 원래 그런 분위기가 매력 있는 거 아니에요? 양보하려면 뭐하러 토론을 해요? 전 우리 경수를 믿어요." 이런 식으로 담임교사의 말을 잘랐다.

📖 학부모는 이렇게 하고 싶어요―부정적 선택

기분이 나빠진 경수 어머니는 담임에 대해 섭섭한 마음이 들기 시작했다.

'아니, 남의 아들 앞길을 망칠 작정이야? 학부모 총회 때는 모든 학부모들 앞에서 그렇게 반 아이들에 대해 애정이 많은 것처럼 과

시하더니 막상 생활기록부에 왜 나쁜 내용을 기록하는 거야? 내 아들 일생 자기가 책임질 거야?'

온갖 생각을 다하다가 아무래도 담임에게 고쳐 달라고 말해야 겠다는 생각을 하게 되었다.

우선 전화부터 했다.

"저 경수 엄마예요. 제가 나이스에 들어가서 확인해 보니 너무 섭섭한 내용이 있더군요. 그거 좀 지워 주시든지 고쳐 주셔야겠어요."

결국 이렇게 말하고 끊었다.

? 이렇게 하면 어떨까요-긍정적 선택

나이스에서 그런 내용의 기록을 보고 경수 어머니가 속상했을 것은 이해가 된다. 그러나 경수 어머니가 조금 깊이 생각했더라면 '기분이 나쁜지 좋은지'와 '해도 되나 안 되나'의 일을 구분했어야 한다. 기분 나쁘다고 이미 입력했던 내용을 고쳐 달라는 것은 매우 무례한 월권행위다.

담임선생님이 경수의 걱정되는 점에 대해 한 마디 의논도 없었다면 몰라도, 이미 그 부분에 대해 어머니와 대화를 나누었다. 하지만 어머니는 그것을 별로 중요하게 생각하지 않았다. 담임교사로서는 많이 고민한 후에 기록했을 것이다. 교육자로서 경수의 앞날을 생각해서 이제라도 고치길 바라는 마음으로 기록을 했을 것이다.

그런 교사의 마음을 이해하며 뒤늦은 후회이기는 하지만, 지금이라도 경수의 단점을 고치려고 마음먹게 된 것이 다행이라고 생각했더라면······.

성적표를 받고 보면 자녀가 어떤 평가를 받았는지 담임교사가 어떤 말을 써 주었는지에 모든 학부모는 초미의 관심을 가진다. 어떤 학부모는 자녀의 친구들은 어떤 평가를 받았는지까지도 관심을 기울인다. 이런 분위기를 잘 알기 때문에 담임교사들은 가능한 한 긍정적인 표현을 하려고 고심을 한다.

만약 부정적인 내용을 꼭 기술해야 할 필요가 있을 때는 표현의 순서를 어떻게 해야 할지에 대해서 신중하게 생각한다. 이런 일에 실수를 줄이기 위해 학기 말이 가까워 오면 성적표의 평어 기술에 대해 교내 연수도 진행한다. 그때에 다루어지는 연수의 핵심은 공정한 평가, 성장 지향적인 평가, 긍정적인 관점, 부모에게 전달되는 내용에 대한 평어 기술의 문제 등이다. 자녀를 생각하는 부모의 마음을 이해하여 같은 말도 우회적인 표현을 하도록 하는 것이다. 가령 너무 에너지가 넘쳐서 수시로 규칙과 질서를 어기고 자주 혼나는 학생이라면, "건강하게 잘 성장하고 있는데 때로는 지나치게 과한 에너지를 주체하기 힘들 때가 많다."로, 남의 물건에 손을 자주 대서 학급에 문제를 일으키던 학생이라면 "다른 사람이 가진 물건에 호기심이 많다."로 에둘러서 표현을 한다.

하지만 과연 이것이 학생의 진정한 성장에 도움이 될까 하는 회의가 들 때도 있다. 차라리 직설적으로 표현해 주어야 제대로 알아듣고 행동을 고치려고 노력하지 않을까 하는 생각이 드는 것이다. 교사들은 혹시라도 먼 훗날 부정적인 문구 하나로 진로 선택이나 배우자 선택에 걸림돌이 될까 염려되기도 하고, 어떻게든 아이가 바뀌리라는 희망을 갖고 있기 때문에 긍정적으로 표현하려고 노력한다. 그런데 이렇게 '좋은 게 좋다.' 식의 긍정 일색의 평가를 하게 되면 평가의 신뢰도를 떨어뜨리게 되지 않을까. 이것은 현장 교사들의 또 다른 고민거리다. 이런 고민은 아마 상급학교로 올라갈수록 더 심하리라고 예상된다.

만일 성적표를 받아본 후 아이에 대한 평가가 전혀 근거 없는 것이라고 판단되면, 담임과 먼저 상의한 후 학교에 설치된 성적관리위원회를 통해 정식으로 의견을 제출할 수 있다. 아주 드물긴 하지만, 간혹 어떤 학부모는 성적표의 평어 기술 내용이 마음에 안 든다고 무작정 학교에 와서 난동을 부리는 무례한 행동을 하기도 하는데, 이것은 자식에게 전혀 도움이 안 되는 행동이다.

외국의 경우에도 학교의 평가에 이렇게 항의하는 사례가 있을까? 대학입시가 자녀의 일생에 영향을 미친다는 조급한 속단이 이런 행동까지 벌이는 것은 아닐까? 성적보다 중요한 것은 성품(인성, 인격)임을 깊이 생각해 봐야 할 것이다.

지금까지 교사와 학부모 사이에 갈등을 겪는 사례들을 상황 중심으로 전개해 보았다. 교사에게는 학부모의 입장을 이해하도록, 학부모에게는 교사와 학교 현장을 이해하도록 최대한 균형적인 입장에 서려고 노력하였다. 그래도 교사 입장에서 기록하다보니 혹시라도 학부모 입장에 대한 이해가 부족하지 않았을까 조심스럽다. 부디 학부모와 교사의 마음이 일치되어 아이들이 행복하게 자라는 대한민국의 학교와 교육이 되기를 바란다.

저자 소개

한영진(Han Young-Jin)

서울교육대학교 졸업

공주대학교 대학원 졸업(교육학 석사)

숙명여자대학교 대학원 졸업(문학 박사)

서울화계초등학교 수석 교사로 정년퇴임

숙명여자대학교, 단국대학교 대학원 등 강의

현 KYCU 사이버대학교, 이화여자대학교 강사

〈주요 저서〉

성경적 태교(공저, 양서원, 2005)

성경적 자녀양육(공저, 양서원, 2005)

부자자효(한국학술정보, 2007)

교사를 당황하게 하는 아이들 1, 2(공저, 학지사, 2009)

매직워드 77(공저, 학지사, 2014)

스위치 대화의 힘(에듀니티, 2014)

통통 튀는 학부모와 당황한 교사

-초등학교 상황으로 본 학부모와 교사 심리-

2014년 9월 1일 1판 1쇄 인쇄
2014년 9월 5일 1판 1쇄 발행

지은이 • 한영진
펴낸이 • 김진환
펴낸곳 • (주) **학지사**
　　　　121-838 서울특별시 마포구 양화로 15길 20 마인드월드빌딩
대표전화 • 02-330-5114　　팩스 • 02-324-2345
등록번호 • 제313-2006-000265호

홈페이지 • http://www.hakjisa.co.kr
커뮤니티 • http://cafe.naver.com/hakjisa

ISBN 978-89-997-0463-5　03370

Copyright © 2014 by Hakjisa Publisher, Inc.

정가 13,000원

인터넷 학술논문 원문 서비스 뉴논문 www.newnonmun.com

이 도서의 국립중앙도서관 출판시도서목록(CIP)은 서지정보유통지원
시스템 홈페이지(http://seoji.nl.go.kr)와 국가자료공동목록시스템
(http://www.nl.go.kr/kolisnet)에서 이용하실 수 있습니다.
(CIP 제어번호: CIP2014023242)